NOTE AU LECTEUR

La Dianétique (du grec *dia* « à travers » et *noûs* « âme ») décrit les principes fondamentaux du mental et de l'esprit. En appliquant ces découvertes, il est apparu que la Dianétique s'occupait d'un état d'être qui défiait le temps (l'esprit humain) nommé à l'origine le « je » et par la suite le « thétan ». De là, Ron Hubbard a continué sa recherche, traçant finalement la voie vers la liberté spirituelle totale.

La Dianétique est le précurseur de la Scientologie ainsi qu'une branche de celle-ci qui, telle qu'elle est pratiquée par l'Église, s'adresse uniquement au « thétan » (l'esprit) - considéré comme supérieur au corps. La Scientologie étudie la relation du thétan avec le corps et les effets qu'il a sur lui.

Ce livre est présenté sous sa forme originale et fait partie des écrits religieux et des travaux de Ron Hubbard. Il ne constitue pas un exposé de prétentions avancées par l'auteur, l'éditeur ou une quelconque Église de Scientologie. Il s'agit d'un compte rendu des observations et des recherches effectuées par Ron Hubbard concernant la vie et la nature de l'Homme.

La Dianétique et la Scientologie ne sont pas présentées à titre de méthode de guérison et aucune prétention n'est avancée à cet effet. L'Église n'accepte pas de gens souhaitant un traitement pour des maladies physiques ou mentales ; elle requiert un examen médical de la part d'un praticien compétent afin de déceler tout mal physique avant de s'adresser à sa cause spirituelle.

L'électromètre Hubbard*, ou E-meter, est un objet religieux utilisé par l'Église. En soi, il n'accomplit rien. Il est utilisé exclusivement par les étudiants et les ministres de la religion de Scientologie spécialement qualifiés, pour aider les paroissiens à trouver la source de leur détresse spirituelle.

Les bienfaits et les buts de la Dianétique et de la Scientologie exigent une participation individuelle, ils ne peuvent être réalisés que par les efforts sincères du participant.

Nous espérons que la lecture de ce livre sera la première étape de votre voyage personnel à la découverte de cette importante nouvelle religion mondiale.

CE LIVRE APPARTIENT À :

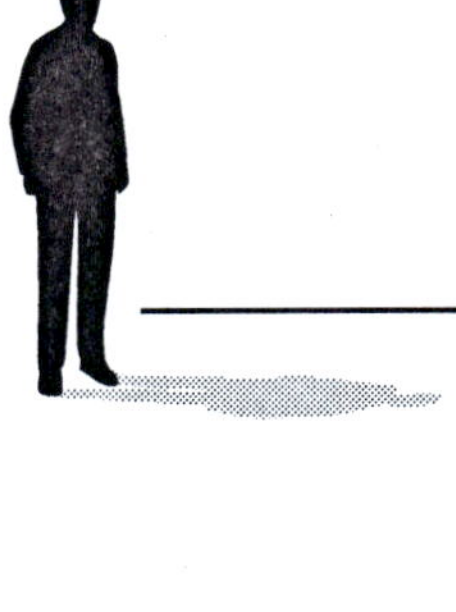

____

SELF-ANALYSE

Un ouvrage simple d'auto-assistance composé de tests et de techniques basés sur les découvertes de la Dianétique

SELF-ANALYSE

Un ouvrage simple d'auto-assistance composé de tests et de techniques basés sur les découvertes de la Dianétique

L. RON HUBBARD

new·era*
Publications International ApS

Une
publication
Hubbard*

New Era* Publications
International ApS
Smedeland 20
2600 Glostrup, Danemark

ISBN 978-87-7688-544-1

FRENCH - SELF ANALYSIS WORKBOOK

REMARQUE IMPORTANTE

En lisant ce livre, faites très attention de ne jamais aller au-delà d'un mot que vous ne comprenez pas pleinement. La seule raison pour laquelle une personne abandonne l'étude d'un sujet, sombre dans la confusion ou devient incapable d'apprendre est qu'elle a poursuivi sa lecture au-delà d'un mot qu'elle n'avait pas compris.

La confusion, l'incapacité à saisir ou à apprendre se manifeste APRÈS un mot dont la personne n'avait pas la définition et qu'elle n'avait pas compris. Il se peut que ce ne soit pas uniquement les mots nouveaux ou inhabituels qu'il vous faille chercher dans le dictionnaire. Certains mots courants se révèlent souvent mal définis et engendrent ainsi de la confusion.

Cette donnée selon laquelle on ne devrait jamais aller au-delà d'un mot qu'on est incapable de définir est la chose la plus importante à savoir dans le domaine entier de l'étude. Dans chaque sujet que vous avez commencé à étudier puis que vous avez abandonné, vous trouverez des mots dont vous avez manqué d'obtenir la définition.

Par conséquent, en étudiant ce livre, faites très attention de ne jamais aller au-delà d'un mot que vous ne comprenez pas pleinement. Si le texte vous semble soudain confus ou difficile à saisir, il y aura un mot, juste avant ce passage, que vous n'aurez pas compris. N'allez pas plus loin, retournez AVANT le passage qui vous a paru difficile, trouvez le mot mal compris et obtenez sa définition.

GLOSSAIRE

Pour faciliter la compréhension du lecteur, Ron Hubbard a demandé aux éditeurs de fournir un glossaire. Il figure dans l'annexe, *Glossaire des éditeurs*. Parfois, les mots ont plusieurs sens. Le *Glossaire des éditeurs* ne contient que les définitions des mots tels qu'ils sont utilisés dans ce texte. Vous pouvez trouver les autres sens dans un dictionnaire normal ou dans des dictionnaires de Dianétique et de Scientologie.

Si vous voyez d'autres mots que vous ne connaissez pas, consultez un bon dictionnaire.

TABLE DES MATIÈRES

Chapitre dix

Annexe

Aux centaines de milliers de gens qui ont ardemment soutenu la Dianétique, brandi la bannière de la santé d'esprit devant les citadelles croulantes de la Superstition et réussi à rallier à leur étendard les espoirs de l'Homme.

N'écoutez pas celui qui vous dira que ce système ne marche pas. Il ne se sentirait pas en sécurité si les gens autour de lui devenaient trop forts. L'homme avisé se livre à des essais avant de se prononcer. Celui qui dénigre ne fait que se mettre au diapason d'une époque cynique et apathique. Vous avez le droit de vous forger votre propre opinion. C'est en mettant ce système à l'épreuve que vous en constaterez ou non l'efficacité. Toutes les autorités de la chrétienté ne peuvent modifier une loi naturelle.

Introduction

Self-Analyse ne peut pas ressusciter les morts.

Self-Analyse ne videra pas les asiles de fous ni n'arrêtera la guerre. C'est là la tâche de l'auditeur de Dianétique et du professionnel de la Dianétique de groupe.

Mais elle vous plongera dans l'aventure la plus intéressante de votre existence : *vous.*

Êtes-vous efficace ? Quel est votre potentiel ? Jusqu'à quel point pouvez-vous vous améliorer ? Eh bien, vos intentions envers vous-même et vos semblables sont *bonnes.* Fondamentalement, votre potentiel, même si les mauvaises expériences l'ont parfois voilé de gris, est bien meilleur que quiconque ne vous l'a jamais laissé croire.

Prenons votre mémoire : c'est une petite partie de vos atouts. Est-elle parfaite ? Pouvez-vous, à volonté, vous rappeler tout ce que vous avez jamais appris ou entendu, chaque numéro de téléphone, chaque nom ? Si cela vous est impossible, vous pouvez en conclure qu'il y a là matière à amélioration. Quelqu'un va jeter un rapide coup d'œil au titre de cet ouvrage et supposer que *Self-Analyse* ne fait qu'améliorer la mémoire. C'est comme si l'on disait que les trains ne sont capables que de respecter les horaires. *Self-Analyse* fait bien plus que cela.

La mémoire n'est qu'un point de départ. Si votre mémoire était aussi précise qu'un ordinateur et même plus rapide, vous seriez plus efficace, plus à l'aise, et vous n'auriez certainement pas à prendre toutes ces notes. Oui, vous ne pourriez probablement jamais avoir une *trop* bonne mémoire des choses que vous avez étudiées et dont vous avez besoin.

Mais beaucoup d'autres choses sont aussi importantes que la mémoire. Votre temps de réaction, par exemple. La plupart des gens réagissent trop lentement dans les cas d'urgence. Disons qu'il vous faut une demi-seconde pour retirer votre main d'un poêle brûlant. C'est beaucoup trop.

Ou disons qu'il vous faut un tiers de seconde pour voir la voiture qui vous précède s'arrêter et pour commencer à freiner. C'est trop long. De nombreux accidents se produisent à cause d'un temps de réaction lent.

Le temps de réaction d'un athlète, par exemple, est une indication directe de son aptitude à pratiquer un sport. Il est donc très utile de pouvoir réagir rapidement.

Self-Analyse accélère le temps de réaction. Voici un petit truc. Prenez un billet de banque déplié. Dites à quelqu'un de le tenir à la verticale au-dessus de votre main. Ouvrez le pouce et l'index juste au-dessous du bord inférieur du billet. Dites à votre ami de le lâcher. Essayez de refermer le pouce et l'index sur le billet. L'avez-vous manqué en refermant les deux doigts dans le vide après son passage ? Vous avez réagi très lentement. L'avez-vous attrapé par le bord supérieur alors qu'il était presque passé ? C'est bien trop lent. Avez-vous les deux doigts au milieu du billet ? Ce n'est pas mal. Ou bien l'avez-vous attrapé par le bord inférieur, juste avant qu'il ne commence vraiment à tomber ? C'est ainsi qu'il devrait en être. Une vivacité générale bien plus grande, moins d'accidents. Eh bien, à moins que votre main ou votre bras ne soit physiquement endommagé, *Self-Analyse* vous aidera à mieux réussir ce petit truc.

Avez-vous du mal à vous endormir ou à vous lever ? Vous sentez-vous souvent fatigué ? Eh bien, il est possible d'y remédier.

Quant aux maladies dites psychosomatiques (sinusite, allergies, certains troubles cardiaques, maux et douleurs « bizarres », mauvaise vue, arthrite, etc.), *Self-Analyse* peut sensiblement aider à guérir jusqu'à soixante-dix pour cent d'entre elles.

Et puis, vous vous inquiétez de savoir si vous paraissez jeune ou vieux. Là aussi, *Self-Analyse* peut produire un changement manifeste.

Enfin, il y a le simple fait d'être heureux de vivre et de prendre plaisir aux choses. Là, *Self-Analyse* agit à merveille, car elle peut d'ordinaire vous rendre de meilleure humeur si rapidement que vous-même serez le premier à reconnaître que l'existence peut avoir du bon.

On pourrait la comparer à une potion que le peintre Charles Russell, héros de mon enfance, décrivit une fois ainsi : « Elle rendrait un lièvre capable de cracher à la figure du loup.» Bon, peut-être que *Self-Analyse* n'a pas toujours cet effet ; mais cela se produit assez souvent. Celui qui pratique *Self-Analyse* traverse souvent une telle période, ce qui ne manquera pas d'alarmer ses amis. *Self-Analyse* vous donnera envie de chanter la chanson :

« *Je peux rosser ce type, je peux embrasser cette fille,*

« *Je peux monter cet étalon et le faire virevolter...* »

Voici la morale à en tirer et l'avertissement que je vous donne : « Ne choisissez pas un trop grand loup. » En tout cas, pas avant d'avoir pratiqué *Self-Analyse* un certain temps et plus ou moins remis les choses à leur place.

Bref, c'est une aventure. Quels progrès pourrez-vous faire ?

Cela dépend beaucoup de votre potentiel, mais je peux vous assurer que ce dernier est bien meilleur que vous ne le croyez et certainement meilleur que ne le prétendront vos amis.

Je vous en prie, ne vous découragez pas si vous constatez, plus loin, que vous vous trouvez plutôt dans la partie basse du tableau d'auto-évaluation. Tout n'est pas perdu. La section du processing peut vous faire remonter très rapidement si vous l'utilisez avec persistance.

Et ne soyez pas surpris si vous commencez soudain à vous sentir mal à l'aise tandis que vous faites la section du processing. Cela peut se produire de temps à autre. Contentez-vous de continuer. Si les choses empirent trop, allez directement à la dernière section et répondez plusieurs fois aux questions. Vous devriez rapidement vous sentir mieux.

Ce que je veux dire, c'est qu'une aventure est terne sans quelques péripéties. Et celles-ci ne manqueront pas ; il y en aura trop parfois.

Vous saurez beaucoup de choses sur vous-même lorsque vous aurez terminé.

Vous serez le seul responsable. Ces procédés sont si puissants qu'ils peuvent parfois provoquer une belle flambée. Si vous êtes mentalement équilibré, il n'y a pas de réel danger. Mais ne vous méprenez pas sur mes paroles. Un homme pourrait devenir fou en lisant ce livre. Si vous voyez quelqu'un qui n'est pas aussi équilibré qu'il le croit utiliser *Self-Analyse*, incitez-le gentiment à arrêter. Celui dont l'esprit supporte difficilement le bouillon de poulet n'est pas autorisé à manger de la viande crue. Envoyez-le chez un auditeur de Dianétique. Et même s'il casse une roue, un auditeur de Dianétique pourra toujours y remédier. Allez simplement en chercher un.

Self-Analyse peut troubler une personne mentalement fragile, ne vous y trompez pas.

C'est que nous nous occupons ici de la cause même de la démence humaine. Bien qu'elle ne soit pas expliquée dans ce livre, vous pourrez en trouver la description dans n'importe quel ouvrage de référence de Dianétique. Malgré tout, il est improbable que *Self-Analyse* puisse engendrer plus de démence que votre formulaire de déclaration d'impôts concocté par notre gouvernement certes précis, mais quelque peu idiot.

Venons-en aux faits. Vous trouverez les tests au chapitre huit. Faites le premier. Vous obtiendrez un chiffre qui vous situera sur le tableau. Ne me jetez pas la pierre si le résultat est mauvais. Blâmez vos parents ou le surveillant général de votre lycée.

Ensuite, vous aurez probablement envie de lire le texte. Celui-ci vous apportera peut-être un point de vue différent. Tant pis s'il est trop simple pour le savant, ou trop complexe ou autre. J'ai simplement tenté de rédiger, d'une façon aussi assimilable que possible, quelques concepts à propos du mental, fondés sur quantité de données techniques de Dianétique. Le processing sera plus facile pour vous si vous lisez le texte.

La section du processing, chapitre dix, est divisée en de nombreuses parties. Vous pouvez soit les attaquer les unes après les autres, soit travailler chacune sans relâche, jusqu'à ce que vous sentiez que vous avez suffisamment exploré cette partie-là de votre existence. De toute façon, vous devrez travailler chaque section de nombreuses fois.

Pour vous y aider, vous trouverez un disque imprimé des deux côtés à la fin de ce livre.

Vous voici prêt à explorer votre propre vie. C'est une aventure passionnante. J'ai fait ce que j'ai pu pour vous faciliter la tâche. Cependant, ne soyez pas trop dur avec moi, si vous vous échouez sur quelque rivage perdu pour être dévoré par des cannibales ou des engrammes. La dernière section vous aidera à vous tirer d'affaire. Vous, ou ce qu'il en reste.

Mais ne perdez pas courage et ne faiblissez pas si le périple devient dur. Il est facile d'abandonner. Vous ne sauriez alors jamais ce que vous êtes réellement et fondamentalement.

Vous allez tenter l'aventure ? Félicitations. Vous êtes courageux.

Puissiez-vous ne jamais plus être le même.

L. RON HUBBARD

CHAPITRE PREMIER

VERS LA CONNAISSANCE DE NOUS-MÊME

CHAPITRE PREMIER

VERS LA CONNAISSANCE DE NOUS-MÊME

Vous comptez-vous parmi vos amis ?

L'ami que vous négligez le plus, c'est probablement vous-même. Pourtant, avant d'être vraiment ami avec le monde, chaque homme se doit d'être tout d'abord son propre ami.

Dans notre société où fleurissent les aberrations, dans les villes surpeuplées et les centres commerciaux, on trouve bien peu d'hommes n'ayant pas été victimes, à chaque tournant, d'une campagne destinée à les convaincre qu'ils valent bien moins que ce qu'ils estiment valoir.

Vous combattriez tout individu qui dirait de vos amis ce qu'on insinue sur vous. Il est temps de vous battre pour le meilleur ami que vous possédiez : vous-même.

Le premier pas pour bâtir cette amitié est de connaître ce que vous êtes et ce que vous pourriez être. Les anciens Grecs disaient : « Connais-toi toi-même ! » Récemment encore, une connaissance très large n'était pas vraiment possible. On savait peu de chose du comportement humain scientifiquement parlant. Mais la physique nucléaire, en apportant une nouvelle connaissance à l'Homme, a aussi révélé les caractéristiques générales de l'énergie vitale. Cela a ainsi rendu possible la connaissance de maintes choses jusqu'ici insoupçonnées.

Vous n'avez pas besoin de connaître la physique nucléaire pour vous connaître. Par contre, il vous faut savoir quel est le but manifeste de la vie en général et, en particulier, quels sont vos propres buts.

Dans un chapitre postérieur, vous trouverez quelques questions auxquelles vous pourrez répondre. Elles vous donneront un meilleur aperçu de vos aptitudes actuelles et de ce qu'elles peuvent devenir. Et ne vous y trompez pas, elles peuvent s'améliorer bien plus que vous ne le soupçonnez.

Pour le moment, abordons le but général de toute vie. D'où venons-nous et où allons-nous ? Il suffit de le savoir pour connaître également les lois fondamentales qui gouvernent nos propres pulsions et notre propre comportement.

Tous les problèmes sont fondamentalement simples... une fois que nous en connaissons la réponse essentielle. La vie ne fait pas exception à la règle. Pendant des milliers d'années, les hommes se sont efforcés de découvrir les pulsions fondamentales de l'existence. À notre époque éclairée, si l'exploration des univers a déjà permis de percer suffisamment de secrets pour nous donner la bombe atomique, elle a également apporté la possibilité de rechercher et de trouver la loi fondamentale de la vie. Que feriez-vous si vous possédiez cette loi fondamentale ? Ne vous serait-il pas facile alors de comprendre tous les mystères, toutes les énigmes et les complexités de la personnalité et du comportement ? Vous seriez capable de comprendre magiciens et banquiers, colonels et coolies, rois, chats et charbonniers. Plus important encore, vous pourriez aisément prédire ce qu'ils feraient dans n'importe quelle circonstance, et vous sauriez à quoi vous attendre de la part de quiconque, sans avoir à vous creuser la cervelle... et cela avec une certitude d'une précision diabolique.

« Au début était le Verbe », mais quel était le Verbe ? Quel principe fondamental indiquait-il ? Que comprendrions-nous si nous le connaissions ?

Un ancien roi persan fit jadis de gros efforts pour connaître ce Verbe. Il essaya de le découvrir en ordonnant à ses sages de concentrer toute la connaissance du monde.

Sur son ordre, on rassembla dans une énorme bibliothèque tous les livres qu'il était possible d'obtenir. On les amena dans cette ancienne cité par caravanes entières. Et les sages de cette époque travaillèrent pendant des années et des années à condenser chaque portion de savoir existant en un seul volume.

Mais le roi désirait que le Verbe fondamental soit mieux formulé. Et il demanda aux sages de ramener ce volume à une seule page. Puis de le réduire encore à une seule phrase. Enfin, après bien d'autres années d'étude, ses philosophes obtinrent le Verbe unique, la formule qui aurait percé tous les mystères.

Et la cité fut détruite par la guerre, et le Verbe perdu.

Mais quel était-il ? Nul doute que sa valeur surpassait les richesses de la Perse, puisqu'il aurait permis de comprendre l'Homme. Deux mille ans plus tard, à partir de l'étude des phénomènes atomiques et moléculaires, nous pouvons de nouveau supposer quel était le Verbe. Et l'utiliser. L'utiliser pour nous connaître nous-même. Et pour prédire les actions d'autrui.

C H A P I T R E   D E U X

LES LOIS DE LA SURVIE ET DE L'ABONDANCE

CHAPITRE DEUX

LES LOIS DE LA SURVIE ET DE L'ABONDANCE

Le principe dynamique de l'existence est : LA SURVIE !

À première vue, cela peut sembler trop fondamental. Cela peut sembler trop simple. Mais en examinant ce mot, nous constatons que nous pouvons réaliser avec lui quelques tours. Et découvrir des choses jusqu'ici ignorées.

On pourrait représenter la connaissance au moyen d'une pyramide. Au sommet, nous aurions un simple fait, mais un fait qui embrasserait l'univers si largement qu'il permettrait de connaître beaucoup d'autres faits. Puis, au fur et à mesure que la pyramide s'élargirait, nous découvririons un nombre croissant de faits.

À l'examen de tout point de cette pyramide, nous constaterions qu'à mesure que l'on descend, on trouverait des faits de significations plus générales et moins liées. À mesure que l'on monte, on y trouverait des fondements de plus en plus simples. La science est le processus qui consiste à commencer au bas de la pyramide, à la façon du roi persan, puis à s'élever afin de trouver des faits plus fondamentaux qui expliquent ceux qui suivent. On pourrait dire que la philosophie est la démarche consistant à prendre les faits les plus fondamentaux puis à s'en servir pour expliquer un nombre toujours plus grand de faits.

Au sommet de notre pyramide, nous avons LA SURVIE !

C'est comme si, à une époque très, très lointaine, l'Être suprême avait ordonné à toute vie : « Survis ! » Il ne fut pas dit comment survivre, ni pour combien de temps survivre. Tout ce qui fut dit était : « Survis ! » Le contraire de « Survis ! » est « Succomber ! ». C'est la sanction qui frappe celui qui ne s'engage pas dans des actions de survie.

Mais que dire de choses telles que les mœurs, les idéaux, l'amour ? Ne sont-elles pas supérieures à la « simple survie » ? Malheureusement ou heureusement, elles ne le sont pas.

Lorsque l'on pense à la survie, on risque de commettre l'erreur de ne penser qu'au « strict minimum ». Cela n'est pas la survie, car il n'y a aucune marge en cas d'échec.

L'ingénieur qui construit un pont utilise ce qu'on appelle une « marge de sécurité ». Si le pont doit supporter dix tonnes, il le construit pour supporter cinquante tonnes. Il le rend cinq fois plus solide. De cette façon, il a une marge pour parer à la détérioration du matériau, à la surcharge, à la tension soudaine et imprévue exercée par les éléments et à tout accident susceptible de se produire.

Dans la vie, la seule garantie véritable de survie est *l'abondance.*

Le fermier qui estime avoir besoin de douze boisseaux de grain pour se nourrir pendant un an et qui en plante douze vient de réduire sensiblement ses chances de survie. En fait, il ne survivra pas si quelque voisin ne s'est pas montré plus prudent. Car les sauterelles vont emporter une partie du blé ; la sécheresse aussi ; de même que la grêle et le percepteur. Et s'il a l'intention de tout utiliser pour se nourrir, que va-t-il lui rester pour ressemer ?

Non, le fermier qui sait qu'il va manger douze boisseaux de blé l'année prochaine ferait mieux d'en planter cent. Les sauterelles et les percepteurs peuvent alors emporter tout ce qu'ils veulent. Le fermier récoltera quand même une moisson suffisante pour se nourrir, sauf, bien sûr, dans un État socialiste où personne ne survit, pas très longtemps du moins !

Un individu survit ou succombe proportionnellement au fait d'être capable ou non d'acquérir et de conserver les moyens de survivre. La sécurité d'un bon emploi, par exemple, est une certaine garantie de survie, à condition que d'autres menaces contre l'existence de la personne ne se fassent pas trop pressantes. L'homme qui gagne bien sa vie a les moyens d'acheter de bons vêtements contre les intempéries, ainsi qu'une belle maison solide. Il peut se permettre d'aller chez le médecin, d'y envoyer sa famille et d'utiliser les meilleurs moyens de transport. Plus important encore, il s'attire le respect de ses semblables. Tout cela est synonyme de survie.

Bien sûr, un tel homme peut avoir un emploi si tracassant, susciter tant de jalousie de la part de ses congénères et être tellement harcelé qu'il perd de son potentiel de survie. Mais même une personne subversive retournera sa veste si vous lui offrez suffisamment d'argent.

Prenons l'homme qui gagne à peine de quoi vivre. Il porte des vêtements qui le protègent très mal. Il peut donc facilement tomber malade. Il vit dans un endroit qui ne le protège que médiocrement des intempéries. Il a l'air exténué et soucieux. En effet, son niveau de survie est si bas qu'il ne dispose d'aucune marge, d'aucune abondance. Il ne peut rien mettre de côté pour le jour où il tombera malade. Il ne peut se payer le docteur. Il ne peut partir en vacances. Même dans un État collectiviste, son sort serait tel, son embrigadement serait si profond qu'il ne pourrait faire grand-chose pour protéger sa propre survie.

La jeunesse jouit d'une abondance supérieure à celle de la vieillesse, pour ce qui est de la survie, car elle possède l'endurance. Et ses rêves — excellents matériaux de survie, les rêves — n'ont pas encore été brisés par les échecs. Les jeunes ont, de plus, la perspective de vivre longtemps. C'est important, car la survie comprend la longévité.

Il est impossible de parler de bonne survie si des facteurs tels qu'idéaux, honnêteté et amour du prochain en sont absents.

Le criminel survit mal. En général, il passe la plupart de ses années d'adulte enfermé comme une bête sauvage, gardé à la pointe du fusil par quelque tireur d'élite. L'homme que l'on sait honnête se voit accorder la survie : bons emplois, bons amis. Et celui qui a des idéaux ne survivra bien qu'aussi longtemps qu'il y restera fidèle, quand bien même les suppôts de Satan l'enjôleraient pour l'en détourner. Vous avez peut-être entendu parler du docteur qui, pour l'appât du gain, commence en secret à aider des criminels ou à vendre de la drogue ? Il ne survit pas longtemps une fois qu'il a abandonné ses idéaux.

Bref, les concepts les plus ésotériques entrent dans le cadre de cette compréhension de la SURVIE ! On survit tant qu'on est fidèle à soi-même, à sa famille, à ses amis, aux lois de l'univers. On réduit sa survie lorsqu'on viole l'un de ces principes.

Cependant, la survie ne cesse pas de façon brutale. Il ne s'agit pas d'être vivant maintenant et mort l'instant d'après. En fait, la survie s'étend selon une échelle graduée.

CHAPITRE TROIS

LA MORT DE LA CONSCIENCE

CHAPITRE TROIS

La mort de la conscience

À quel moment cesse-t-on de « survivre » et commence-t-on à « succomber » ? La ligne de démarcation n'est pas la mort telle que nous la connaissons. Elle est marquée par ce que nous pourrions appeler la mort de la conscience de l'individu.

La meilleure arme de l'Homme est sa raison. N'ayant pas les dents, la carapace, les griffes de tant d'autres formes vivantes, l'Homme a compté sur son aptitude à raisonner pour s'aider à survivre.

Le choix de l'aptitude à penser en tant qu'arme principale est un choix heureux. Il a valu à l'Homme le royaume de la Terre. La raison est une arme excellente. Avec ses dents, sa carapace, ses longues griffes, l'animal est pourvu d'armes qu'il ne peut pas modifier. Il ne peut s'adapter à un environnement qui change. Et il est terriblement important, pour survivre, d'évoluer lorsque l'environnement change. Chaque espèce disparue s'est éteinte parce qu'elle n'a pas su évoluer pour contrôler un environnement nouveau. La raison remédie à cet échec d'une façon remarquable. Car l'Homme peut inventer de nouveaux outils, de nouvelles armes et un environnement entièrement nouveau. La raison lui permet de changer pour s'adapter à de nouvelles situations. La raison lui permet de garder le contrôle de milieux nouveaux.

Tout animal qui se contente de s'adapter à son environnement est perdu. L'environnement change rapidement. Les animaux qui peuvent contrôler et modifier l'environnement ont la meilleure chance de survie.

Le seul moyen d'organiser un État collectiviste est de convaincre les hommes qu'ils doivent s'adapter, s'ajuster, comme des animaux, à un environnement immuable. Les gens doivent être privés de leur droit de contrôler leur environnement en tant qu'individus. On peut alors les enrégimenter et les parquer en groupes. Ils cessent d'être propriétaires et deviennent propriétés. On doit leur enlever la raison et le droit de raisonner, car l'essence même de la raison est le droit de juger par soi-même son propre environnement.

Les éléments combattent l'Homme et l'homme les autres hommes. L'objectif premier des ennemis de l'Homme ou d'un homme est son droit et son aptitude à raisonner. Les forces brutes et désordonnées des éléments, les orages, le froid et la nuit combattent, défient et écrasent parfois la raison comme le corps.

Mais de même que l'inconscience, aussi brève soit-elle, précède toujours la mort, la mort de la raison précède la mort de l'organisme. Et ce processus peut se prolonger sur une durée assez longue, sur la moitié d'une vie, voire plus.

Avez-vous observé la grande vivacité avec laquelle un jeune homme affronte les forces qui combattent la vie ? Et observé un homme âgé dans la même situation ? Vous découvrirez que ce qui s'est détérioré, c'est l'aptitude à raisonner. Il a acquis de l'expérience au prix de durs efforts, et arrivé à l'âge mûr c'est avec elle qu'il cherche à poursuivre son chemin. C'est un truisme de dire que la jeunesse pense vite avec peu d'expérience et que la vieillesse pense lentement avec beaucoup. La raison d'un jeune homme est loin d'être toujours juste, car la jeunesse essaye de raisonner sans données adéquates.

Supposez qu'un homme ait conservé toutes ses aptitudes à raisonner tout en ayant beaucoup d'expérience. Supposez que nos barbons puissent penser avec tout l'enthousiasme et la vitalité de la jeunesse tout en ayant conservé leur expérience. La vieillesse dit à la jeunesse : « Vous n'avez pas d'expérience ! » La jeunesse dit à la vieillesse : « Vous n'avez aucune imagination, vous n'acceptez pas les nouvelles idées, vous ne les examinez même pas. » Évidemment, la combinaison idéale serait d'avoir l'expérience de l'âge et la vitalité et l'imagination de la jeunesse.

Peut-être vous êtes-vous déjà dit : « Avec toute mon expérience présente, que ne donnerais-je pas pour un peu de mon enthousiasme d'autrefois ! » Ou peut-être avez-vous trouvé une excuse à cela en disant que vous aviez « perdu vos illusions ». Mais vous n'êtes pas sûr qu'il s'agissait d'illusions. L'éclat de la vie, les enthousiasmes prompts, le désir et la volonté de vivre, la foi dans la destinée, ces choses sont-elles des illusions ? Ou sont-elles des symptômes de la substance même dont est constituée la vie ? Et leur déclin n'est-il pas un symptôme de mort ?

La connaissance ne détruit pas la volonté de vivre. La souffrance et la perte de l'autodétermination détruisent cette volonté. La vie peut être douloureuse. Il est souvent douloureux d'acquérir de l'expérience. Pourtant, il est vital de conserver cette expérience. Mais n'est-ce pas toujours de l'expérience, même si elle ne contient pas la douleur ?

Supposons qu'il soit possible d'enlever de votre vie toute la souffrance, physique ou autre, que vous avez accumulée. Serait-il si terrible de se débarrasser d'un chagrin d'amour, d'une maladie psychosomatique, de peurs, d'inquiétudes ou d'appréhensions ?

Supposons qu'un homme, avec tout ce qu'il sait, ait une nouvelle chance de regarder en face la vie et l'univers et dire qu'il peut les dompter.

Vous rappelez-vous un jour, alors que vous étiez plus jeune, où, à votre réveil, vous trouviez des gouttes de rosée étincelant sur l'herbe, les feuilles, et où un soleil d'or éclairait un monde heureux ? Vous rappelez-vous combien c'était merveilleux et beau ce jour-là ? Et le premier baiser tendre ? La chaleur d'une véritable amitié ? L'intimité d'une promenade au clair de lune ?

Pourquoi le monde a-t-il perdu son éclat ?

La conscience que l'on a du monde n'est pas une chose absolue. On peut être plus conscient de la couleur, de l'éclat et de la joie à un moment de la vie qu'à un autre. On sent plus facilement la réalité éclatante des choses dans la jeunesse que dans la vieillesse. N'est-ce pas là quelque chose qui s'apparente à un déclin de la conscience ?

Qu'est-ce qui nous a rendus moins conscients de l'éclat du monde qui nous entoure ? Le monde a-t-il changé ? Non, car chaque nouvelle génération voit l'enchantement, l'éclat et l'intensité de la vie, cette même vie que la vieillesse, dans le meilleur des cas, voit sous un jour terne. L'individu change. Qu'est-ce qui le fait changer ? Est-ce la dégénérescence de ses glandes et de ses tendons ? Pas vraiment, car tous les travaux qui ont été faits sur les glandes et les tendons, la structure corporelle, n'ont jamais redonné à la vie son éclat originel.

« Ah ! Jeunesse, soupire l'adulte, si seulement je retrouvais ton entrain. » Qu'est-ce qui a atténué cet entrain ?

Plus notre perception de l'éclat de la vie s'émousse, plus notre perception de nous-même s'affaiblit. Autrement dit, à mesure que les perceptions diminuent, la conscience s'éteint. L'aptitude à percevoir le monde alentour et la capacité de tirer de cette observation des conclusions exactes sont en pratique deux choses identiques.

Les lunettes, par exemple, sont un symptôme du déclin de la conscience. On a besoin d'une « prothèse » pour voir, afin que le monde apparaisse avec plus d'éclat. Ne plus pouvoir se déplacer rapidement comme lorsque l'on courait, enfant, est aussi un déclin de la conscience et des capacités.

L'inconscience totale est la mort. Quand on est à demi-inconscient, on est à demi-mort. Quand on est un quart inconscient, on est un quart mort. Et tandis qu'on accumule les souffrances associées à la vie sans en accumuler les plaisirs, on est peu à peu rattrapé par la Faucheuse. Puis vient l'incapacité physique à voir, à penser et à être, que l'on appelle la mort.

Comment accumule-t-on toute cette souffrance ?

Et si on en débarrassait quelqu'un, retrouverait-il sa pleine conscience et une vision parfaite de la vie ?

Est-il possible de l'en débarrasser ?

CHAPITRE QUATRE

NOTRE QUÊTE DE L'IMMORTALITÉ

C H A P I T R E   Q U A T R E

NOTRE QUÊTE DE L'IMMORTALITÉ

L'univers physique se compose de quatre éléments : *matière, énergie, espace et temps*.

La physique nucléaire nous apprend que la matière se compose de formes d'énergie telles que les électrons et les protons. L'énergie et la matière existent dans l'espace et dans le temps. Tout cela n'a rien de compliqué. Il suffit de comprendre que l'univers dans lequel nous vivons est composé d'éléments simples, agencés et réagencés pour créer et se manifester sous quantité de formes.

Le trottoir en bitume, l'air, les crèmes glacées, les fiches de paye, les chats, les rois et les charbonniers sont fondamentalement composés de matière, d'énergie, d'espace et de temps. Et quand ils sont vivants, ils possèdent un ingrédient supplémentaire : la *vie*.

La vie est une énergie d'un genre très particulier obéissant à certaines lois. Elle diffère des formes d'énergie classiques (telle l'électricité). Il n'en reste pas moins que c'est une énergie, une énergie qui a ses propres caractéristiques.

La vie est capable de rassembler, d'organiser et d'animer la matière et l'énergie dans l'espace et dans le temps. La vie prend de la matière et de l'énergie et fabrique un organisme unicellulaire ou un arbre, un ours polaire ou un homme.

Puis cet organisme, toujours animé par cette énergie appelée vie, agit à son tour sur la matière et l'énergie dans l'espace et dans le temps et crée de nouveaux objets, de nouvelles formes.

On pourrait dire que la vie est engagée dans la conquête de l'univers physique. La pulsion première de la vie, nous l'avons dit, est la SURVIE ! Pour survivre, la vie doit poursuivre et réussir sa conquête de l'univers physique.

Lorsque la vie ou une forme de vie interrompt cette conquête, elle cesse de survivre et succombe.

Nous assistons à un combat de titans : l'énergie de la vie contre la matière, l'énergie, l'espace et le temps. La vie contre l'univers physique.

C'est une lutte terrible : l'univers physique, chaotique et désorganisé, et uniquement capable de force, résiste à la conquête de la vie qui, elle, organise, persiste et utilise la raison.

La vie apprend de l'univers physique les lois de la matière, de l'énergie, de l'espace et du temps, puis retourne ces lois contre lui afin d'en poursuivre la conquête.

L'Homme a passé beaucoup de temps à étudier l'univers physique par l'intermédiaire de sciences telles que la physique et la chimie mais, plus important encore, il s'est penché sur la lutte quotidienne de la vie contre l'univers. N'allez pas croire que l'organisme unicellulaire ne connaît pas le mode de fonctionnement de la vie. Il le connaît et nous le montre. Il faut pas mal d'habileté pour transformer quelques composants chimiques et la lumière solaire en entité vivante ! Le biologiste reste bouche bée devant le parfait esprit d'organisation de ces organismes minuscules. Il contemple ces entités complexes et minutieuses, ces unités de vie microscopiques, et même lui n'arrive pas à croire que tout cela soit dû au hasard.

Donc, il y a la vie, une énergie vitale différente de l'énergie de l'univers physique. Ensuite nous avons les formes de vie.

Les formes de vie ou organismes, tels que le corps humain *vivant*, se composent de vie *plus* matière, énergie, espace et temps. Un corps *mort* se compose de matière, d'énergie, d'espace et de temps, *moins* l'énergie vitale. La vie est là, conçoit l'organisme, puis s'en retire. C'est un phénomène que nous appelons le cycle conception-naissance-croissance-dégénérescence-mort.

Bien qu'on puisse répondre à la question de savoir où va la vie lorsqu'elle se retire et ce qu'elle fait alors, là n'est pas notre propos immédiat. Ce qui intéresse en premier lieu un organisme vivant, c'est essayer de survivre (la pulsion fondamentale de toute vie) et conquérir l'univers physique afin d'assurer cette survie.

En bref, la vie doit tout d'abord accumuler suffisamment de matière et d'énergie pour façonner un organisme (le corps humain, par exemple), puis elle doit associer cet organisme à d'autres organismes amis qui coopèrent avec lui (d'autres gens, par exemple) et elle doit continuer à lui fournir de la matière et de l'énergie (nourriture, vêtements, abri) pour qu'il puisse subvenir à ses besoins. De plus, afin de survivre, la vie doit remplir deux autres fonctions d'une importance capitale, bien au-delà du besoin d'avoir amis, nourriture, vêtements et abri.

La vie doit apporter du plaisir.

La vie doit éviter la douleur.

La vie cherche activement à éviter la douleur. Celle-ci est synonyme de non-survie, de destruction et de mort. La douleur est un signal de non-survie ou de mort potentielle.

La vie recherche activement le plaisir. On peut définir le plaisir comme l'action de parvenir à la survie. Le plaisir ultime est la survie infinie, ou immortalité, but inatteignable pour l'organisme physique en tant que tel (mais pas pour la vie qui l'anime) et que celui-ci essaye cependant d'atteindre.

On pourrait donc définir le bonheur comme le fait de surmonter des obstacles pour atteindre un but souhaitable.

On constatera, en l'examinant de près, que tout but souhaitable est un but prosurvie.

Un excès de douleur empêche l'organisme d'atteindre à la survie.

Un nombre excessif d'obstacles entre l'organisme et la survie est synonyme de non-survie.

Ainsi constate-t-on que le mental s'occupe d'imaginer et de mettre en œuvre des solutions pour éviter la douleur et trouver le plaisir. Voici tout ce que fait le mental :

Il perçoit, pose et résout des problèmes relatifs à la survie de l'organisme, des générations futures, du groupe, de la vie et de l'univers physique ; puis il transpose les solutions en actions.

Lorsqu'il résout la majorité des problèmes qu'on lui présente, l'organisme atteint un niveau élevé de survie. Si le mental de l'organisme n'arrive pas à résoudre une majorité de problèmes, l'organisme échoue.

Le mental est donc étroitement lié à la survie. Et je parle ici du mental dans son ensemble, et pas seulement du cerveau. Le cerveau est une structure. On pourrait considérer le mental comme étant l'être tout entier, mortel et immortel, la personnalité liée à l'organisme et à toutes ses composantes.

Donc, si votre mental fonctionne bien, s'il résout les problèmes qu'il est censé résoudre et s'il transpose les solutions en actions appropriées, la survie de l'organisme est bien assurée. Si le mental fonctionne mal, la survie de l'organisme est remise en question, est mise en doute.

Par conséquent, la meilleure garantie de survie pour soi-même, sa famille, les générations futures, son groupe et la vie est un mental en excellent état.

Le mental cherche à garantir et à entreprendre des actions de survie. Comme il recherche la survie non seulement pour l'organisme (pour soi), mais aussi pour la famille, les enfants, les générations futures et toute vie, il se peut donc qu'il soit émoussé dans un ou plusieurs de ces domaines. Un mental peut se trouver émoussé par rapport à la survie personnelle et être cependant actif pour la survie des générations futures. Il peut se trouver bloqué par rapport aux groupes mais s'occuper activement de l'organisme (de soi). Pour bien fonctionner, le mental ne doit montrer aucun blocage dans quelque domaine que ce soit.

Pour bien fonctionner, le mental doit se considérer capable de contrôler la matière, l'énergie, l'espace et le temps, en fonction des besoins de l'organisme, de la famille, des générations futures, des groupes et de la vie.

Le mental doit pouvoir éviter la douleur et découvrir le plaisir, pour soi, les générations futures, la famille, le groupe et la vie elle-même.

S'il ne parvient pas à éviter la douleur et à découvrir le plaisir, alors l'organisme, la famille, les générations futures, le groupe et la vie n'y parviendront pas non plus.

Lorsqu'un organisme dans un groupe n'arrive pas à résoudre correctement des problèmes de survie, c'est un échec pour le groupe tout entier. Donc : « Ne cherche pas pour qui sonne le glas, il sonne pour toi ! »

La vie est un effort fondé sur l'interdépendance et la coopération. Chaque organisme vivant, sans exception, joue un rôle dans la survie des autres organismes.

Dans le cas d'un être pensant comme l'Homme, l'organisme doit être capable d'agir seul pour sa propre survie et celle des autres. Afin d'y parvenir, un mental doit cependant savoir mettre en œuvre des solutions optimales non seulement pour l'individu, mais également pour tout ce qui est lié à sa survie.

Aussi le mental d'un organisme doit coopérer avec le mental d'autres organismes pour que tous puissent survivre de façon aussi optimale que possible.

Lorsque le mental est engourdi et bloqué, il commence à concevoir de mauvaises solutions. Il s'embrouille dans ses buts. Il n'est pas sûr de ce qu'il veut vraiment faire. Et cela va influencer et entraver la survie d'autres organismes. Il peut, par exemple, estimer qu'il doit survivre pour lui-même, que lui seul est important, et négliger ainsi la survie d'autrui. C'est là une action non-survie extrêmement aberrée.

Le mental qui ne « survit » que pour soi et qui opprime et contrôle avec force d'autres organismes a déjà un pied dans la tombe. C'est un mental qui est tout juste à moitié vivant. Il ne possède même plus la moitié de son potentiel réel. Il perçoit mal l'univers physique. Il ne se rend pas compte que sa survie dépend de sa coopération avec autrui. Il a abandonné sa mission de survie. Ce mental se dirige déjà vers la mort, il est sur le déclin et va en fait entreprendre des actions qui le conduiront tout droit à sa fin.

La vie, la vie dans son ensemble, se sert de la mort des organismes. Lorsqu'un organisme ne peut plus bien fonctionner, la vie a pour plan de le tuer et de miser sur un nouvel organisme.

La mort est l'action par laquelle la vie se débarrasse d'un organisme inutilisable et indésirable, afin que de nouveaux organismes puissent naître et prospérer.

La vie elle-même ne meurt pas. Seul l'organisme physique meurt. La personnalité proprement dite, malgré les apparences, ne meurt pas non plus. La mort n'est donc, en vérité, qu'un concept limité, c'est-à-dire la mort de la partie physique de l'organisme. Il semble que la vie et la personnalité continuent d'exister. La partie physique de l'organisme cesse de fonctionner. C'est cela qu'on appelle la mort.

Lorsqu'un organisme sombre dans un état de semi-conscience, qu'il ne perçoit pas la moitié de ce qu'il devrait percevoir, qu'il ne fonctionne qu'à moitié, c'est le début de la mort. L'organisme va entreprendre, par la suite, des actions destinées à la précipiter. Il le fait « inconsciemment ». Mais aberré comme il l'est, le mental d'un tel organisme va également causer la mort d'autres organismes. Un organisme à demi-conscient est donc une menace pour les autres. Vous avez là la personne prédisposée aux accidents, le fasciste, celui qui cherche à dominer, l'individu égoïste et intéressé. Vous avez là un organisme sur le déclin.

Lorsqu'un organisme n'est plus qu'au tiers vivant et conscient, il ne perçoit qu'un tiers de ce qu'il pourrait percevoir. La vie précipite de plus belle la mort de cet organisme et de ceux qui l'entourent. Nous avons ici la personne qui se suicide, qui est continuellement malade, qui refuse de manger.

Les organismes sur le chemin de la mort mettent parfois des années et des années à mourir. Car ils ont quelquefois des élans de survie et encore un léger désir de continuer à vivre. De plus, d'autres organismes les aident à vivre. Ils voguent au gré de l'existence, bien que, personnellement, ils tendent vers la mort — la mort des autres, la leur et celle de l'univers physique environnant.

La société, qui dans son ensemble tend vers la survie, ne parvient pas à admettre la mort ou l'impulsion de certains organismes à désirer la mort ou refuse de le faire. La société vote des lois contre le meurtre et le suicide. Elle construit des hôpitaux. Elle prend ces gens à sa charge. Et elle fera la sourde oreille devant l'euthanasie.

Les organismes qui sont tombés au-dessous du point critique vont prendre des mesures extraordinaires pour causer la mort des autres, des choses et la leur. Nous avons ici les Hitlers, les criminels, les névrosés destructifs.

Donnez une voiture à une telle personne et il se peut que la voiture soit impliquée dans un accident. Donnez-lui de l'argent et l'argent achètera des choses qui nuiront à la survie.

Mais cessons d'insister sur ce qui est dramatique et d'omettre l'essentiel, comme le font les journaux. L'impulsion et l'action dirigées vers la mort ne deviennent visibles que lorsqu'elles sont spectaculaires.

Pourtant, c'est sous leurs formes les plus anodines qu'elles se révèlent les plus dangereuses.

La personne qui est tombée au-dessous du point critique cause continuellement la mort des gens et des choses sur une petite échelle. Une maison sale, des rendez-vous manqués, des vêtements négligés, des commérages sournois, des réflexions malveillantes sur les autres « pour leur bien », toutes ces perturbations provoquent des échecs. Et trop d'échecs mènent à la mort.

Il ne faut pas croire que ce « point critique » corresponde au milieu de l'existence. Cela veut dire que la personne est à demi-consciente, à demi-vivante et qu'elle ne perçoit et ne raisonne qu'à moitié (ou même moins). Un enfant peut être opprimé et réduit à cet état par ses parents ou par l'école. En fait, les enfants subissent d'ordinaire tant d'échecs dans leur environnement et dans leur lutte pour l'existence qu'ils tombent souvent au-dessous de ce point critique. L'âge n'est pas un critère. La santé physique en est un.

La condition physique d'un individu permet de déterminer à coup sûr si oui ou non il a dépassé le point critique. La personne chroniquement malade l'a dépassé.

Donc, si l'on désire une société sans danger, si l'on veut la débarrasser de ses éléments de mort, on doit avoir les moyens soit de détruire les gens qui lui apportent la mort, les Hitlers, les fous, les criminels, soit de sauver ces gens et de restaurer leur pleine conscience.

La pleine conscience impliquerait qu'on reconnaisse ses responsabilités, sa relation avec autrui, l'attention qu'on doit apporter à soi-même et à la société.

Comment y parvenir ? Si vous y parveniez, vous pourriez élever la société à des sommets jusqu'ici inaccessibles. Vous pourriez vider les prisons et les asiles d'aliénés. Vous pourriez bâtir un monde trop sain d'esprit pour qu'il songe à la guerre. Vous pourriez guérir des gens qu'il était impossible de guérir jusqu'ici. Et ceux qui n'avaient jamais vraiment connu le bonheur pourraient être heureux. Vous pourriez améliorer la bonne volonté et l'efficacité de tous les hommes ainsi que celles de toute société si vous pouviez rendre à ces gens leur vitalité.

Pour pouvoir faire cela, il vous faut connaître le processus par lequel la conscience, la vitalité, le désir de vivre s'affaiblissent.

CHAPITRE CINQ

COMMENT ÉLEVER NOTRE NIVEAU DE CONSCIENCE

CHAPITRE CINQ

COMMENT ÉLEVER NOTRE NIVEAU DE CONSCIENCE

Une accumulation de douleur pousse l'organisme vers la mort.

La douleur, quand elle se présente sous la forme d'un choc brusque et violent, provoque une mort immédiate.

Lorsque la douleur se manifeste à petites doses durant toute une existence, elle pousse progressivement l'organisme vers la mort.

Qu'est-ce que la douleur ?

La douleur est un signal de perte. C'est un système d'alarme automatique intégré aux organismes vivants qui informe l'organisme qu'il subit, partiellement ou intégralement, une tension et qu'il ferait mieux d'agir, faute de quoi il mourra.

La douleur signale à l'organisme qu'une force ou un objet destructif est à proximité. Ignorer la douleur signifie la mort. La douleur est l'aiguillon qui écarte l'organisme des poêles brûlants comme du climat glacial. Elle représente une menace pour la survie. Elle sanctionne toute erreur commise dans nos efforts pour survivre.

La douleur est toujours synonyme de perte. Un doigt brûlé implique que le corps a perdu des cellules à la surface de ce doigt. Elles sont mortes. Un coup sur la tête signifie la mort d'une partie du cuir chevelu et de certaines cellules dans cette zone-là. L'organisme tout entier est ainsi mis en garde contre la proximité d'une source de mort et tente de s'en écarter.

La perte d'une personne chère est également perte de survie. La perte d'une possession affaiblit, elle aussi, le potentiel de survie. C'est pourquoi on ne fait pas la différence entre douleur physique et perte d'organismes ou d'objets prosurvie, et c'est pourquoi il existe ce qu'on appelle la « douleur mentale ».

Mais la vie, dans sa lutte avec l'univers physique, ne supporte pas l'échec. Un organisme assez imprudent pour se laisser frapper avec une violence excessive et plonger dans l'inconscience demeure dans le voisinage de l'objet qui lui a infligé la douleur. Un organisme qui survit aussi lamentablement peut être considéré comme non-survie.

L'inconscience que l'on ressent à la suite d'un coup ou d'une maladie est un exemple de ce qui se passe pendant une vie entière.

Y a-t-il une différence, autre que le temps, entre ces deux choses ?

Un coup entraînant l'inconscience, puis la mort.

Une accumulation de coups pendant toute une existence, entraînant un affaiblissement progressif de la conscience et, finalement, la mort.

L'une est plus lente que l'autre.

Une des découvertes fondamentales de la Dianétique était que l'inconscience et toute la douleur qui l'accompagne se logent dans une partie du mental et s'y accumulent jusqu'à ce que l'organisme commence à succomber.

Une autre découverte de la Dianétique était qu'on pouvait annuler ou effacer cette douleur et rendre à l'individu sa pleine conscience et son élan vers la survie.

En d'autres termes, la Dianétique a permis d'éliminer l'inconscience et la douleur accumulées au cours des années et de rendre à l'organisme santé et vitalité.

L'accumulation de pertes et de douleur physique entraîne un tel affaiblissement de la conscience, un tel déclin de la santé physique et de la volonté de vivre, que l'organisme va activement, et souvent sournoisement, chercher à mourir.

Il suffit d'effacer ou d'annuler la douleur physique et les pertes de l'existence pour que revienne la vitalité.

La vitalité et la quête de niveaux supérieurs de survie constituent l'essence même de la vie.

On a constaté que le corps humain était tout à fait capable de se remettre en état, une fois qu'on avait éliminé les souvenirs de douleur emmagasinés. On a découvert, de plus, que le traitement des maladies psychosomatiques (arthrite, rhumatisme, dermatite et des milliers d'autres) ne produisait aucun résultat durable tant que la douleur restait emmagasinée. La psychothérapie ne savait pas que la douleur s'emmagasinait ni n'en connaissait les effets. Elle s'est aperçue, il y a fort longtemps, qu'il suffisait de débarrasser le patient d'une de ses maladies pour qu'en apparaisse une autre. À la suite de quoi elle est devenue une école défaitiste, car elle n'obtenait aucun résultat durable avec les patients aberrés ou malades, même si elle leur apportait quelque soulagement. C'est ainsi que *toute* tentative pour rendre à l'Homme vitalité et santé est devenue suspecte, car on n'avait pas découvert ni prouvé la cause de son inefficacité et de ses maladies.

Avec la Dianétique, il est maintenant possible d'éliminer aberrations et maladies, car elle permet d'annuler ou d'effacer la douleur emmagasinée par le corps, sans en infliger davantage, comme en chirurgie.

La conscience dépend donc de l'absence, de l'annulation ou de l'effacement des moments de douleur physique, car l'inconscience est une partie intégrante de cette douleur ; elle en est un symptôme.

L'arthrite au genou, par exemple, est l'accumulation de toutes les blessures passées reçues au genou. Le corps confond le temps et le milieu présents avec l'époque et le milieu où le genou était vraiment blessé et, de la sorte, maintient la douleur en place. Les fluides du corps évitent la zone de douleur, ce qui provoque un dépôt qu'on appelle arthrite. La preuve en est que, si vous localisez et déchargez les blessures reçues à ce genou dans le passé, l'arthrite cesse et aucune autre maladie n'apparaît : la personne s'est définitivement débarrassée de son arthrite au genou. Et cela se produit dans dix cas sur dix, sauf lorsque le patient est si âgé, si physiquement diminué et si proche de la mort qu'il a passé le point de non-retour.

Prenez un cœur malade. La personne souffre de douleurs au cœur. Elle peut prendre des médicaments, pratiquer le vaudou, suivre un régime. Rien n'y fait, son cœur continue d'être malade. Il suffit de trouver et d'éliminer une véritable blessure physique infligée à ce cœur pour qu'il cesse de faire mal et guérisse.

Rien n'est plus facile à démontrer que ces principes. Un bon auditeur de Dianétique peut prendre une dame de trente-huit ans brisée et éplorée, faire sauter ses périodes passées de douleur physique et mentale et se retrouver avec une personne qui paraît avoir vingt-cinq ans, et qui de plus est épanouie et heureuse.

Bien sûr, cela paraît incroyable, tout comme l'est la bombe A, ces quelques grammes de plutonium capables de rayer une ville de la carte.

Une fois que vous connaîtrez les principes fondamentaux de la vie et sa façon d'opérer en tant qu'énergie, vous pourrez faire reprendre vie aux malades, aux individus qui ont perdu toute vitalité, à ceux qui ont des tendances suicidaires.

Plus important encore que de traiter l'homme très malade mentalement ou physiquement, vous pourrez aussi empêcher le déclin de celui qui est encore alerte et bien portant afin qu'il ne sombre jamais à ce point dans la maladie. Vous pourrez aussi prendre une personne dite normale et l'amener à un niveau d'intelligence et de réussite impossible auparavant.

Rendez à l'individu sa pleine conscience et vous lui rendrez tout son potentiel de vie.

C'est à présent chose possible.

CHAPITRE SIX

Comment améliorer notre vitalité et notre attitude face à la vie

C H A P I T R E   S I X

COMMENT AMÉLIORER NOTRE VITALITÉ ET NOTRE ATTITUDE FACE À LA VIE

L'*échelle des tons,* dont vous trouverez une version réduite au chapitre sept, expose la spirale descendante que suit la vie depuis un état de pleine vitalité et de pleine conscience jusqu'à la mort, en passant par la semi-vitalité et la semi-conscience.

Cette échelle des tons, qui est fondée sur maints calculs concernant l'énergie vitale, sur des observations et sur des expériences, nous donne les différentes attitudes face à la vie à mesure que celle-ci décline.

Ces divers modes de comportement sont communs à tous les hommes.

Lorsqu'un homme est quasiment mort, on peut dire qu'il est en proie à une *apathie* chronique. Il se comporte d'une certaine façon envers le monde extérieur. Cela correspond à 0,1 sur le tableau de l'échelle des tons.

Lorsqu'un homme se lamente constamment des pertes qu'il a subies, il est plongé dans le *chagrin.* Il adopte un certain comportement envers beaucoup de choses, et cela correspond à 0,5 sur le tableau.

Quand une personne n'est pas encore descendue aussi bas mais prend conscience de pertes imminentes, ou quand elle est chroniquement fixée à ce niveau du fait de pertes passées, on peut dire d'elle qu'elle a *peur.* Cela correspond environ à 1,1 sur le tableau.

L'individu qui lutte contre des menaces de pertes est en *colère*. Il manifeste d'autres caractéristiques de comportement. Cela correspond à 1,5.

La personne qui a simplement l'impression qu'une perte va lui arriver, ou qui s'est enracinée dans une telle attitude, éprouve de l'irritation. On peut dire qu'elle manifeste de l'*antagonisme.* Cela correspond à 2,0 sur le tableau.

Au-dessus de l'antagonisme, la situation de la personne n'est pas suffisamment bonne pour qu'elle ressente de l'enthousiasme, ni suffisamment mauvaise pour lui faire éprouver de l'irritation. Elle a perdu certains de ses buts et ne peut pas immédiatement en trouver d'autres. On dit qu'elle éprouve de l'*ennui.* Cela correspond à 2,5 sur le tableau de l'échelle des tons.

À 3,0, la personne a une attitude *conservatrice* et prudente vis-à-vis de l'existence, mais elle atteint ses buts.

À 4,0, l'individu est *enthousiaste,* heureux et plein de vie.

Très peu de gens se trouvent naturellement à 4,0. La moyenne oscille probablement autour de, soyons charitables, 2,8.

En examinant le tableau, vous trouverez dans les cases les diverses caractéristiques des gens à chaque niveau. On a malheureusement constaté que ces caractéristiques sont invariables. Si vous êtes à 3,0, vous serez à 3,0 dans chaque colonne du tableau.

Vous avez dû être témoin dans la vie des attitudes décrites dans ce tableau. Avez-vous jamais vu un enfant essayer d'obtenir, disons, une pièce ? Au départ, il est heureux. Tout ce qu'il veut, c'est une pièce de monnaie. Si on la lui refuse, il va expliquer pourquoi il la veut. S'il n'arrive pas à l'obtenir et qu'il n'en fait pas une montagne, ça finira par l'ennuyer et il s'en ira. Par contre, s'il veut cette pièce à tout prix, il va manifester de l'antagonisme. Puis de la colère. S'il ne l'obtient toujours pas, il peut aller jusqu'à mentir quant à ses raisons de la vouloir. Si on la lui refuse une fois encore, il va être en proie au chagrin. Si, là encore, il échoue, il sombrera finalement dans l'apathie et dira qu'il n'en veut pas. On appelle cela la négation.

Vous avez déjà vu cela en sens inverse. Un enfant menacé par quelque danger dégringole également vers le bas de l'échelle. Tout d'abord, il ne se rend pas compte que ce danger le menace lui. Il est tout à fait joyeux. Puis le danger, disons un chien, s'approche de lui. L'enfant voit le danger, ne croit toujours pas qu'il lui est destiné et continue à jouer. Mais ses jouets « l'ennuient » maintenant. Il éprouve une légère appréhension et de l'incertitude. Le chien s'approche davantage. L'enfant est « irrité » par sa présence ou manifeste de l'antagonisme. Le chien continue de s'approcher. L'enfant se met en colère et tente de blesser le chien. Le chien s'approche toujours et se fait plus menaçant. L'enfant prend peur. La peur s'avérant inutile, il se met à pleurer. Si le chien continue de le menacer, l'enfant est susceptible de sombrer dans l'apathie et d'attendre simplement que l'animal le morde.

À mesure que les objets, les animaux ou les gens qui favorisent la survie deviennent inaccessibles, l'individu descend sur l'échelle des tons.

Quand des objets, des animaux ou des gens qui menacent la survie s'approchent de l'individu, ce dernier va également descendre le long de l'échelle des tons.

Les tons sur cette échelle peuvent être chroniques ou passagers. Une personne peut dégringoler l'échelle jusqu'à un niveau inférieur et y rester pendant dix minutes, puis remonter. Ou bien elle peut la dégringoler, rester bloquée là pendant dix ans et ne plus la remonter.

Un homme qui a subi trop de pertes, qui a trop souffert, aura tendance à rester bloqué à l'un des niveaux inférieurs de l'échelle et n'en bougera plus à quelques variations près. Dès lors, son comportement général correspondra à ce niveau de l'échelle des tons.

Tout comme un moment de chagrin (0,5) peut amener un enfant à adopter un comportement correspondant à la zone du chagrin pendant un court instant, un individu bloqué à 0,5 peut adopter une attitude 0,5 envers la plupart des domaines de son existence.

Il existe un comportement temporaire et un comportement fixe.

Comment déterminer la position d'un individu sur l'échelle des tons ?

Comment déterminer sa propre position ?

Trouvez deux ou trois caractéristiques à un certain niveau de l'échelle, puis regardez le chiffre qui se trouve sur la même ligne que ces caractéristiques. Vous obtiendrez le niveau général. Ce sera peut-être 2,5, ou 1,5. Ensuite regardez *toutes* les cases correspondant au chiffre trouvé et vous obtiendrez les autres caractéristiques.

La seule erreur que vous puissiez commettre en déterminant la position de quelqu'un sur l'échelle des tons est de penser qu'il n'a pas toutes les caractéristiques correspondant à son ton et qu'il est plus haut dans certaines colonnes que dans d'autres. La caractéristique que vous n'acceptez pas est peut-être masquée, mais elle est là.

La première colonne vous donne l'image générale du comportement et de l'activité physiologique de l'individu. La seconde colonne vous donne sa condition physique. La troisième, l'émotion qu'il éprouve le plus souvent. Examinez chaque colonne. Vous y trouverez, quelque part, des données que vous savez vraies à votre sujet ou au sujet d'une autre personne. Examinez ensuite toutes les cases qui se trouvent au même niveau. Cette ligne, qu'elle corresponde à 1,5 ou à 3,0, vous dira tout sur l'individu concerné.

Évidemment, du fait que la personne reçoit de bonnes et de mauvaises nouvelles et vit des jours heureux ou tristes, il lui arrive de monter ou de descendre momentanément sur cette échelle des tons. Cependant, chaque individu a un ton chronique et un comportement qui lui correspond.

Plus il est bas sur ce tableau, plus sa vivacité et sa conscience sont réduites.

L'humeur chronique ou l'attitude chronique de l'individu envers l'existence décline en fonction de sa façon d'envisager l'univers physique et les organismes autour de lui.

Ce tableau comporte bien d'autres aspects d'ordre mécanique relatifs aux manifestations de l'énergie et à l'observation du comportement, mais il est inutile que nous les traitions dans cet ouvrage.

Se contenter, sans plus, d'affirmer qu'on se fige dans sa manière d'envisager l'univers physique et les organismes autour de soi est insuffisant, car il existe, en deçà de la conscience, certaines causes bien définies à l'origine de ce phénomène. Quoi qu'il en soit, cela se manifeste chez l'individu par une diminution de sa conscience de son environnement physique. Ce déclin n'est que l'une des causes d'un effondrement progressif sur le tableau, mais il suffit à illustrer notre propos dans le présent ouvrage.

Lorsqu'on se trouve au sommet de ce tableau, on est pleinement conscient de sa propre existence, de son milieu, des autres gens et de l'Univers en général. On en accepte les responsabilités et on en affronte les réalités. On en résout les problèmes dans les limites de son éducation et de son expérience.

Puis il se produit quelque chose et la perception de l'univers matériel par la personne se trouve émoussée. Que s'est-il passé ?

Une douleur physique issue de l'univers physique est la cause première d'un déclin sur le tableau. Acquérir de l'expérience et éprouver une douleur physique sont deux choses tout à fait différentes. En fait, toute expérience entachée de douleur physique réelle est *inaccessible* à cause de cette douleur. L'organisme est censé éviter la douleur pour survivre. Il évite aussi les souvenirs de douleur s'il se trouve au-dessus de 2,0 sur le tableau. Au-dessous de 2,0, il se « délecte » de ces souvenirs de douleur, puisqu'ils mènent à la mort. Dès qu'il se met à éviter la douleur quelle qu'elle soit, sa conscience décroît sensiblement. Sa perception de l'univers physique commence à se dégrader et ses activités perdent de leur envergure.

On pourrait dire qu'il existe un monde intérieur et un monde extérieur. Le monde intérieur est celui d'hier. L'information qu'il contient sert à évaluer le monde extérieur, celui d'aujourd'hui et de demain.

Tant qu'on a accès à la totalité de l'information, on peut se livrer à d'excellents raisonnements. Mais quand les faits qu'on a assimilés commencent à s'enfouir, on risque, dans cette mesure, de tirer des conclusions erronées.

À mesure que vous perdez confiance en l'univers physique, votre aptitude à le maîtriser se dégrade. Vos rêves et vos espoirs commencent à sembler irréalisables, vous cessez de lutter. En fait, vos aptitudes se dégradent rarement, elles *paraissent* se dégrader.

Lorsque le monde intérieur transmet trop de douleur physique, l'organisme sombre dans la confusion. Tel l'enfant qui finalement affirme ne plus vouloir de la pièce de monnaie, l'organisme dit ne plus rien vouloir de l'univers physique et périt. Ou bien il vit quelque temps en n'étant plus que l'ombre de lui-même et finit par périr.

Le but est de gagner. Lorsqu'on a trop perdu et trop souvent, la possibilité de gagner *semble* trop lointaine pour qu'on tente quoi que ce soit. Et l'on perd. On s'habitue tant à perdre que l'on commence à se concentrer sur les échecs au lieu de chercher à aller de l'avant, et cela de façon extrêmement irrationnelle. Ce n'est pas parce qu'on a perdu deux voitures qu'on va en perdre une troisième. Pourtant, celui qui en a perdu deux va en fait tellement s'attendre à perdre la troisième qu'il s'arrangera, même inconsciemment, pour la perdre. Cela est vrai des objets comme des gens.

Quand l'individu descend l'échelle des tons, il perd tout d'abord sa confiance à atteindre les limites les plus reculées de son milieu, les frontières les plus éloignées de ses rêves ; il devient conservateur. La prudence n'est pas un défaut. En revanche, le conservatisme chronique en est un, car il est parfois nécessaire de charger sabre au clair pour conquérir l'existence.

À mesure que la douleur physique s'accumule dans les banques d'enregistrement du mental, l'individu confond de plus en plus passé et présent, et perd de plus en plus confiance. Il devient légèrement effrayé et joue à l'ennuyé, en affirmant que de toute façon il ne voulait pas aller si loin. Ça ne vaut pas le coup. Il se raille des choses qu'il désire réellement et des rêves d'autrui, et se comporte, d'une manière générale, comme un journaliste du *New Yorker*. Il a peur de faire face à un fait encourageant et encore plus à quelque chose de vraiment désirable.

Si la douleur s'accumule davantage, il continue de glisser vers le bas de l'échelle jusqu'à s'engager sur la voie de sortie de la vie.

Le fait est que plus une personne vieillit et acquiert de l'expérience, plus elle devrait être apte à maîtriser son milieu. Cela serait vrai si elle parvenait à rester pleinement consciente et rationnelle. Mais les mécanismes d'accumulation de la douleur sont tels que la conscience de l'individu décline en fonction de la douleur qui lui est infligée. C'est pourquoi il ne lui est pas réellement possible de se servir, ne serait-ce qu'un petit peu, de son expérience. S'il pouvait acquérir de l'expérience en l'absence de toute douleur physique, il serait extrêmement enthousiaste, capable et plein d'allant. Seulement, de toute évidence, l'Homme a été un organisme inférieur avant de devenir homme. Un organisme inférieur ne sait que réagir. Il est incapable de penser. La pensée est quelque chose de nouveau.

Avant l'apparition de la Dianétique, ce qui précède ressemblait à quelque cycle sans issue et sans espoir. L'individu possédait l'enthousiasme mais pas l'expérience. Il attaquait donc le milieu avec une ardeur fiévreuse, avec toute la folie de la jeunesse, et se trouvait ignominieusement rejeté. Chaque rejet était accompagné de douleur. Il avait acquis de l'expérience, mais chaque fois qu'il y repensait, la douleur se rappelait à lui, et il ne pouvait donc pas en profiter vraiment. Lorsqu'il avait suffisamment d'expérience, ses rêves, son énergie et son enthousiasme à conquérir l'environnement l'avaient abandonné.

Le processing, par exemple les questions du chapitre dix de ce livre ou la coaudition de Dianétique, a brisé ce cycle. Le jeune homme s'attaque à son environnement et souffre d'être rejeté. Mais la Dianétique peut éliminer la douleur physique du mental, ne laissant que l'expérience *accompagnée* de tout l'enthousiasme qu'elle contient.

Au moment où j'écris ces lignes, quelques dizaines de milliers de personnes ont déjà reçu de l'audition de Dianétique. Il est arrivé que quelques-unes d'entre elles n'en aient pas retiré tous les bénéfices. En effet, auditer quelqu'un requérait auparavant une somme considérable de connaissances techniques. La self-analyse, sujet de ce livre, a été conçue pour que l'individu puisse au moins retirer les tout premiers bénéfices du processing, sans pour autant devoir en posséder les connaissances techniques ni avoir à employer le temps d'une autre personne.

Quel que soit le point de l'échelle des tons auquel la personne se trouve (à moins qu'elle ne se trouve très bas, dans la zone de la démence, l'échelle des tons reflétant également la santé d'esprit), elle peut la remonter en recouvrant son aptitude à connaître et à évaluer son milieu. Une fois qu'elle connaît les règles du jeu, elle y parvient plutôt aisément ; elle s'étonnera que cela n'ait pas été possible auparavant.

Avez-vous déterminé votre propre position sur le tableau ? Surtout n'allez pas chercher une falaise ou une corde si vous vous trouvez au-dessous de 2,0. La self-analyse peut vous amener à des niveaux supérieurs du tableau. Vous pourrez vous-même constater votre progression.

Après le tableau, vous trouverez quelques tests et graphiques. Vous devriez vous en servir. Ils vous aideront à déterminer votre position. Vous saurez alors pourquoi vous vous comptez ou non parmi vos meilleurs amis. Vous penserez peut-être qu'il vaut mieux ne pas avoir un tel ami. Ma foi, si quelqu'un est aussi mal en point que cela, il a vraiment besoin de votre aide. Alors donnez-lui un coup de main. La seconde partie du livre est remplie d'exercices qui feront de vous votre meilleur ami. Il suffira de les faire une demi-heure par jour.

Je ne sais pas jusqu'où vous pourrez progresser sur ce tableau. Assez loin, sans doute. Et, si vous le souhaitez, la coaudition de Dianétique fera le reste. Peut-être même parviendrez-vous jusqu'en haut pour y rester de façon stable.

Si pour l'instant vous n'avez pas beaucoup d'affection pour vous-même, sachez que moi je suis votre ami. Je sais par expérience que vous pouvez progresser sur le tableau.

L'Homme est fondamentalement bon. La douleur et les aberrations sociales l'empêchent d'atteindre une éthique, une efficacité et un bonheur de tout premier ordre. Débarrassez-vous de la douleur. Vous vous retrouverez dans la partie supérieure du tableau.

À présent, passez aux questions qui vous aideront à vous situer sur le tableau.

MAIS N'UTILISEZ PAS CE DERNIER POUR TENTER DE RABAISSER QUELQU'UN. NE DITES PAS AUX GENS LEUR POSITION SUR LE TABLEAU. CELA PEUT LES RENDRE MALHEUREUX. LAISSEZ-LES TIRER LEURS PROPRES CONCLUSIONS.

CHAPITRE SEPT

LE TABLEAU HUBBARD D'ÉVALUATION HUMAINE

CHAPITRE SEPT

LE TABLEAU HUBBARD D'ÉVALUATION HUMAINE

Ce tableau est une version particulière du Tableau Hubbard d'évaluation humaine et de processing de Dianétique.

Vous trouverez une description complète et détaillée de chaque colonne de ce tableau (à l'exception des six dernières qui ne se trouvent que dans *Self-Analyse*) dans le livre *Science de la survie.*

Le nom technique que l'on donne au processus de questions utilisé dans ce livre est : *Fil direct de Dianétique,* un certain accent étant mis sur le *processing de valorisation avec le* MEST. Il ne s'agit pas, en fait, d'« auto-audition » ; c'est plutôt l'auteur qui audite le lecteur. En fait, le lecteur est audité par Ron Hubbard. Le processing en Fil direct est quasiment sans danger pour tous les cas et représente le procédé le plus élémentaire de Dianétique.

La position de l'individu sur l'échelle des tons varie au cours de la journée et au cours des années, mais reste assez stable au cours de certaines périodes. Vous monterez ou vous descendrez sur ce tableau selon que vous recevrez de bonnes ou de mauvaises nouvelles. Ce sont là les aléas de l'existence. Chacun possède cependant une position *chronique* sur le tableau. Elle ne change jamais, sauf si on se fait auditer.

La nécessité (la contrainte exercée sur l'individu, comme dans les cas d'urgence) peut le propulser en haut du tableau pendant une brève période.

L'éducation elle-même, par exemple une éducation de type disciplinaire, occupe une certaine position sur l'échelle des tons. Une personne pourrait en fait être relativement peu aberrée mais, par son éducation, occuper une position plus basse qu'elle ne le devrait sur le tableau. L'inverse peut également se produire. Par votre éducation, vous pouvez donc vous trouver à un niveau plus ou moins élevé de l'échelle, différent de celui auquel vous placeraient vos aberrations.

Le milieu joue un rôle déterminant dans votre position sur le tableau. Chaque milieu possède un niveau de ton qui lui est propre. Un homme qui se trouve en fait à 3,0 peut adopter un comportement 1,1 dans un milieu 1,1. Par contre, une personne qui se trouve à 1,1 ne dépassera pas d'habitude 1,5 dans un milieu au ton élevé. Quand on vit dans un milieu bas de ton, on risque de se retrouver soi-même bas de ton. Cela s'applique aussi au mariage : on tend à s'accorder avec le niveau de ton du partenaire conjugal.

Cette échelle des tons vaut également pour les groupes. Il est possible d'examiner et de déterminer la position des réactions chroniques d'une entreprise ou d'une nation. Vous pouvez ainsi estimer leur potentiel de survie.

Vous pouvez aussi utiliser ce tableau pour embaucher des gens ou choisir un partenaire. Il vous indique avec précision à quoi vous attendre et vous fournit la possibilité de prédire comment les gens se comporteront sans les avoir beaucoup fréquentés. De plus, il vous donnera une idée de ce qui peut vous arriver dans certains milieux ou avec certaines personnes ; ils peuvent soit vous faire dégringoler l'échelle, soit vous propulser vers le haut.

Le Tableau Hubbard d'évaluation humaine*

Une version dépliante de ce tableau se trouve à la fin du livre

* Une version plus approfondie de ce tableau ainsi qu'une description complète des colonnes se trouvent dans le livre *Science de la survie.*

Échelle des tons	1 Comportement et activité physiologique	2 Registre médical	3 Émotion
4,0	Excellent dans la réalisation de projets, dans l'exécution. Temps de réaction très court (en fonction de l'âge).	Presque à l'abri des accidents. Pas de maladies psychosomatiques. Presque immunisé contre les bactéries.	Exultation. ——— Ardeur.
3,5	Très capable dans la réalisation de projets, dans l'exécution, dans les sports.	Très résistant aux infections ordinaires – pas de rhume.	Vif intérêt. ——— Intérêt modéré.
3,0	Capable d'une assez grande quantité d'actions. Sports.	Résistant aux infections et aux maladies. Peu de maladies psychosomatiques.	——— Satisfait.
2,5	Relativement inactif mais capable d'actions.	Malade occasionnellement. Sujet aux maladies courantes.	Indifférence. ——— Ennui.
2,0	Capable d'actions destructrices et capable d'actions constructives mineures.	Maladies graves sporadiquement.	Ressentiment exprimé.
1,5	Capable d'actions destructrices.	Maladies résultant de dépôts (arthrite). (Les zones entre 1,0 et 2,0 sont interchangeables.)	Colère.
1,1	Capable d'exécuter des choses mineures.	Maladies endocriniennes et neurologiques.	Ressentiment inexprimé. ——— Peur.
0,5	Capable d'actions relativement incontrôlées.	Dysfonctionnement chronique des organes. (Prédisposé aux accidents.)	Chagrin. ——— Apathie.
0,1	Vivant en tant qu'organisme.	Chroniquement malade. (Refuse de s'alimenter.)	Apathie la plus profonde. ——— Aucune.

4 COMPORTEMENT SEXUEL ATTITUDE ENVERS LES ENFANTS	5 CONTRÔLE DE L'ENVIRONNEMENT	6 VALEUR RÉELLE POUR LA SOCIÉTÉ COMPARÉE À LA VALEUR APPARENTE	ÉCHELLE DES TONS
Intérêt sexuel élevé, mais souvent sublimé en pensée créative. Vif intérêt pour les enfants.	Très grande maîtrise de soi. Énergique envers l'environnement. N'aime pas contrôler les gens. Raisonnement excellent, émotions fluctuantes.	Grande valeur. Sa valeur apparente pour la société se concrétisera. Créateur et constructif.	4,0
Grand intérêt pour le sexe opposé. Fidélité. Amour des enfants.	Raisonne bien. Bon contrôle. Accepte de posséder. Émotions libres. Libéral.	Bonne valeur pour la société. Adapte son environnement pour le bien de soi et d'autrui.	3,5
Intérêt pour la procréation. Intérêt pour les enfants.	Contrôle les fonctions du corps. Raisonne bien. Ne donne néanmoins pas libre cours à ses émotions. Accorde des droits à autrui. Démocratique.	Valeur apparente est égale à valeur réelle. Valeur assez bonne.	3,0
Désintérêt pour la procréation. Vague tolérance des enfants.	Contrôle les fonctions du corps et possède une certaine puissance de raisonnement. Ne désire pas posséder beaucoup.	Capable d'actions constructives ; assez rarement en une quantité dont on peut tenir compte. Valeur médiocre. « Bien adapté. »	2,5
Dégoût du sexe – répulsion. Réprimande les enfants, ressent de la nervosité à leur sujet.	Antagoniste et destructeur pour lui-même, les autres et l'environnement. Désire commander pour nuire.	Dangereux. Toute valeur apparente est anéantie par le mal potentiel qu'il constitue pour les autres.	2,0
Viol, sexe en tant que punition. Traitement brutal des enfants.	Brise ou détruit les autres ou l'environnement. En cas d'échec, peut se détruire lui-même. Tendance fasciste.	Pas sincère. Handicap considérable pour les autres. Capable de meurtre. Même quand il affirme avoir de bonnes intentions, il engendre de la destruction.	1,5
Libertinage, perversion, sadisme, pratiques contre nature. Se sert des enfants à des fins sadiques.	Aucune maîtrise de son raisonnement, ni de ses émotions, mais contrôle apparemment son organisme. Utilise des moyens détournés pour contrôler les autres, en particulier l'hypnotisme. Tendance communiste.	Handicap véritable. Enturbule les autres. Les conséquences de ses intentions malfaisantes cachées l'emportent sur sa valeur apparente.	1,1
Impuissance, anxiété, efforts possibles pour procréer. Anxiété à propos des enfants.	Contrôle tout juste ses propres fonctions vitales. Aucun contrôle du raisonnement ou des émotions.	Handicap pour la société. Suicide possible. Néglige complètement les autres.	0,5
Aucun effort de procréation.	Aucune maîtrise de soi, de l'environnement, ni des autres personnes. Suicide.	Handicap sévère nécessitant soins et efforts de la part des autres sans apporter aucune contribution.	0,1

	7 Niveau d'éthique	8 Façon d'agir envers la vérité	9 Niveau de courage
Échelle des tons 4,0	Fonde l'éthique sur la raison. Très haut niveau d'éthique.	Conception élevée de la vérité.	Très courageux.
3,5	Observe l'éthique du groupe, mais la perfectionne quand la raison l'exige.	Fidèle à la vérité.	Courageux quand les risques ne sont pas trop grands.
3,0	Se conforme aussi honnêtement que possible à l'éthique dans laquelle il a été élevé. Moral.	Prudent dans l'affirmation de vérités. Mensonges à caractère mondain.	Fait preuve de courage de façon conservatrice quand il y a peu de risques.
2,5	N'est pas sincère avec l'éthique mais n'est ni particulièrement honnête, ni particulièrement malhonnête.	N'est pas sincère. Peu soucieux des faits.	N'est ni courageux, ni lâche. Néglige le danger.
2,0	Chroniquement et franchement malhonnête quand l'occasion se présente. À ce niveau et au-dessous : autoritarisme, criminels.	La vérité est déformée pour satisfaire à l'antagonisme.	Attaque le danger de façon réactive et irraisonnée.
1,5	Immoral. Activement malhonnête. Destructif pour toute forme d'éthique.	Mensonges flagrants et destructifs.	Bravoure déraisonnable, d'ordinaire nuisible à l'individu lui-même.
1,1	Criminels sexuels. Éthique négative. Sournoisement malhonnête. Pervertit l'honnêteté sans raison.	Pervertit la vérité avec ingéniosité et malveillance. Masque le mensonge avec art.	Fait parfois montre d'actions, hypocritement ; autrement, agit lâchement.
0,5	Inexistant. Ne pense pas. Obéit à n'importe qui.	Expose des faits en détail sans avoir la moindre idée de leur réalité.	Totalement lâche.
0,1	Aucun.	Aucune réaction.	Aucune réaction.

10 CONVERSATION : PARLE ——— CONVERSATION : ÉCOUTE	11 COMMENT LE SUJET S'Y PREND VIS-À-VIS DES COMMUNICATIONS ÉCRITES OU ORALES LORSQU'IL AGIT COMME POINT DE RELAIS	12 RÉALITÉ (ACCORD)	ÉCHELLE DES TONS
Échange complètement ses croyances et idées avec intensité, adresse et rapidité.	Transmet les communications thêta et y contribue. Coupe les communications enthêta.	Recherche d'autres points de vue que le sien pour élargir sa propre réalité. Change la réalité.	4,0
Parle volontiers de croyances et d'idées profondes. ——— Accepte les idées et croyances profondes des autres et les considère.	Transmet les communications thêta. Est irrité par les communications enthêta et contre-attaque.	Capable de comprendre et d'évaluer la réalité d'autrui et de changer de point de vue. Se met facilement d'accord.	3,5
Tentatives d'expression d'un petit nombre d'idées personnelles. ——— Reçoit les idées et croyances d'autrui lorsqu'elles sont énoncées avec prudence.	Transmet les communications. Conservateur. Tend vers ce qui est modérément constructif et créatif.	Est conscient qu'une réalité différente peut avoir de la valeur. S'accorde dans un esprit conservateur.	3,0
Conversation banale et insignifiante. ——— N'écoute que les sujets ordinaires.	Annule toutes les communications dont le ton est plus haut ou plus bas – déprécie les urgences.	Refuse de concilier deux réalités. Se montre indifférent aux conflits de réalité. Trop négligent pour être en accord ou en désaccord.	2,5
Parle de façon menaçante. Dénigre les autres. ——— Écoute les menaces. Se moque ouvertement des paroles thêta.	S'occupe des communications hostiles et menaçantes. Ne laisse passer que peu de thêta.	Exprime ses doutes verbalement – défend sa propre réalité. Tente de saper celle des autres. N'est pas d'accord.	2,0
Ne parle que de mort et de destruction. Haine. ——— N'a d'oreilles que pour la mort et la destruction. Ruine les lignes thêta.	Pervertit toutes les communications pour les rendre enthêta quel que soit leur contenu au départ. ——— Arrête les communications thêta. Transmet l'enthêta et l'aggrave.	Détruit toute réalité opposée : « Tu as tort. » N'est pas d'accord avec la réalité d'autrui.	1,5
A l'air de dire des choses thêta mais a des intentions malveillantes. Mensonges. ——— Écoute peu mais prête surtout l'oreille aux cabales ou aux commérages. Mensonges.	Ne transmet que les communications malveillantes. ——— Coupe les lignes de communication. Ne transmettra pas les communications.	Doute de sa propre réalité. Insécurité. Doute de toute réalité opposée.	1,1
Parle uniquement sur un ton apathique. Très peu. ——— Écoute peu, prête surtout l'oreille à ce qui est apathique ou aux expressions de pitié.	Fait peu attention aux communications. Ne les transmet pas.	Honte, anxiété – doute fortement de sa propre réalité, se laisse facilement imposer la réalité d'autrui.	0,5
Ne parle pas. ——— N'écoute pas.	Ne transmet pas. N'est pas conscient des communications.	Se retire totalement de toute réalité opposée – pas de réalité.	0,1

ÉCHELLE DES TONS	13 CAPACITÉ À PRENDRE DES RESPONSABILITÉS	14 PERSISTANCE DANS UNE VOIE DONNÉE	15 LITTÉRALITÉ AVEC LAQUELLE LES PROPOS OU REMARQUES SONT COMPRIS
4,0	Sens inné de sa responsabilité sur toutes les dynamiques.	Grande persistance créative.	Excellente différenciation. Bonne compréhension de toutes les communications, modifiée par l'éducation du Clair.
3,5	Capable d'assumer et de mener à bien des responsabilités.	Bonne persistance et bonne direction vers des buts constructifs.	Bonne compréhension des propos tenus. Bon sens de l'humour.
3,0	Prend en charge les responsabilités de façon négligente.	Assez bonne persistance si les obstacles ne sont pas trop importants.	Distingue bien les significations dans les propos tenus.
2,5	Très négligent. Pas digne de confiance.	Oisif, concentration médiocre.	Accepte très peu de choses, que ce soit littéralement ou autrement. Susceptible d'interpréter l'humour littéralement.
2,0	Utilise les responsabilités pour servir ses fins personnelles.	Persistance dans la destruction d'ennemis. Au-dessous de ce point, pas de persistance constructive.	Accepte littéralement toute remarque de ton 2,0.
1,5	Assume des responsabilités pour pouvoir détruire.	Sa persistance à détruire est forte au début, mais s'affaiblit rapidement.	Accepte littéralement toute remarque alarmante. Sens de l'humour brutal.
1,1	Incapable, capricieux, irresponsable.	Indécis quelle que soit la direction suivie. Très mauvaise concentration. Frivole.	N'accepte aucune remarque. Pallie sa tendance à tout prendre littéralement par un humour forcé.
0,5	Aucune.	Persistance sporadique à s'autodétruire.	Accepte littéralement toute remarque exprimée sur ce ton.
0,1	Aucune.	Aucune.	Prend tout littéralement.

16 MÉTHODES EMPLOYÉES PAR LE SUJET POUR TRAITER AVEC LES AUTRES	17 NIVEAU HYPNOTIQUE	18 APTITUDE À ÉPROUVER DU PLAISIR DANS LE TEMPS PRÉSENT	ÉCHELLE DES TONS
Obtient le soutien d'autrui grâce à une vitalité et un enthousiasme créateurs appuyés sur la raison.	Impossible à hypnotiser sans drogue et consentement.	Trouve l'existence vraiment pleine de plaisir.	4,0
Obtient le soutien d'autrui grâce à une vitalité et un raisonnement créatifs.	Difficile à mettre en transe, à moins qu'il ne soit encore en possession d'un engramme de transe.	Trouve la vie agréable la plupart du temps.	3,5
Invite les autres à le soutenir au moyen d'un raisonnement pratique et de savoir-vivre.	Pourrait être hypnotisé, mais reste vif quand il est éveillé.	Éprouve du plaisir de temps en temps.	3,0
Ne se soucie guère du soutien d'autrui.	Peut être hypnotisé, mais reste vif la plupart du temps.	Éprouve parfois un moment de plaisir. Faible intensité.	2,5
Harcèle et critique sans ménagement pour exiger l'exécution de ses désirs.	Le nie quelque peu, mais peut être hypnotisé.	Éprouve du plaisir quelquefois dans les moments extraordinaires.	2,0
Use de menaces, de punitions et de mensonges alarmants pour dominer les autres.	Nie avec force toutes les remarques, mais les absorbe.	Éprouve rarement du plaisir.	1,5
Annihile les autres pour les amener à un point où ils peuvent être utilisés. Méthodes détournées et malveillantes. Hypnotisme, commérages. Cherche à diriger de façon cachée.	Sans cesse dans une légère transe hypnotique, mais le nie.	Gaieté en grande partie forcée. Véritable plaisir hors de portée.	1,1
Enturbule les autres pour les commander. Pleure pour s'attirer la pitié. Ment effrontément pour s'attirer la compassion.	Très hypnotique. Toute remarque peut être une « suggestion positive ».	Aucune.	0,5
Simule la mort pour que les autres le croient inoffensif et s'en aillent.	Équivaut à un sujet hypnotisé lorsqu'il est « éveillé ».	Aucune.	0,1

Échelle des tons	19 Votre valeur en tant qu'ami	20 Dans quelle mesure les autres vous apprécient	21 État de vos possessions
4,0	Excellente.	Aimé par un grand nombre de gens.	En excellent état.
3,5	Très bonne.	Aimé largement.	En bon état.
3,0	Bonne.	Respecté par la plupart.	En assez bon état.
2,5	Passable.	Apprécié par un petit nombre.	Un peu négligées.
2,0	Médiocre.	Rarement aimé.	Très négligées.
1,5	Risque évident.	Antipathie ouvertement exprimée par la plupart.	Souvent cassées. Mal réparées.
1,1	Risque important.	Méprisé d'une façon générale.	Médiocre. En mauvais état.
0,5	Très grand risque.	Pas aimé. Certains éprouvent de la pitié.	En très mauvais état de façon générale.
0,1	Risque absolu.	Inaperçu.	N'a pas conscience de posséder.

22 Dans quelle mesure vous êtes compris	23 Potentiel de réussite	24 Potentiel de survie	Échelle des tons
Très bien.	Excellent.	Excellent. Durée de vie considérable.	4,0
Bien.	Très bon.	Très bon.	3,5
La plupart du temps.	Bon.	Bon.	3,0
Quelquefois mal compris.	Passable.	Passable.	2,5
Souvent mal compris.	Médiocre.	Médiocre.	2,0
Continuellement mal compris.	Échoue la plupart du temps.	Décès précoce.	1,5
Pas de réelle compréhension.	Échoue presque toujours.	Courte durée de vie.	1,1
Pas compris du tout.	Échoue complètement.	Va bientôt décéder.	0,5
Ignoré.	Aucun effort. Échec total.	Presque mort.	0,1

CHAPITRE HUIT

LES TESTS DE L'ÉCHELLE DES TONS

C H A P I T R E H U I T

LES TESTS DE L'ÉCHELLE DES TONS

TEST UN

Faites ce test avant de commencer la section du processing de *Self-Analyse.*

Soyez aussi juste et honnête que possible dans vos découvertes.

Basez-vous sur votre façon d'être durant l'année passée. Toute condition antérieure de votre existence ne compte pas.

Commencez avec la colonne 1 du tableau*, Comportement et activité physiologique. Demandez-vous quel est votre niveau d'activité physique. Trouvez la case de la colonne qui semble convenir le mieux.

Regardez le chiffre de l'échelle des tons qui correspond à la case que vous avez trouvée. Est-ce 3,0 ? Est-ce 2,5 ?

Prenez le chiffre trouvé et reportez-vous au tableau ci-dessous.

Allez à la colonne 1 et faites une croix dans la case qui correspond à ce chiffre (3,5, 2,0, etc.). La croix se trouve maintenant dans la case que vous avez trouvée sur le tableau.

Passez à la colonne 2 du tableau, Registre médical.

Trouvez la case qui décrit le mieux votre état de santé. Notez le chiffre de l'échelle des tons qui correspond à la case que vous avez choisie (3,5, 2,0, etc.).

* Une version dépliante de ce tableau se trouve à la fin de ce livre.

Revenez au tableau du test un. Dans la colonne 2, mettez une croix dans la case correspondant au chiffre de l'échelle des tons que vous avez obtenu sur le tableau.

Continuez de la sorte avec toutes les colonnes jusqu'à ce qu'il y ait une croix dans chaque colonne du tableau vierge. Ne vous occupez pas des six dernières colonnes.

Prenez une règle et placez-la horizontalement au-dessus de la rangée de cases qui comprend le plus de croix. Tirez un trait à travers toutes ces croix sur la longueur du tableau. Ce trait vous donnera votre position dans les six dernières colonnes.

Cette ligne horizontale vous donne également votre position sur l'échelle des tons. Ce niveau du tableau est le vôtre.

Laissez ce graphique dans le livre, afin de pouvoir le comparer au graphique du test deux dans quelques semaines.

Remarquez que les cases des colonnes 4 et 10 sont divisées de la même façon que sur le tableau. Vous allez vous évaluer deux fois dans ces colonnes et mettre une croix dans chaque demi-case, même si l'une correspond à 3,0 et l'autre à 1,1.

CHELLE S TONS	1	2	3	4	5	6	7	8	9	10	11	12	13	14	15	16	17	18	19	20	21	22	23	24	ÉCHELLE DES TONS
4,0																									4,0
3,5																									3,5
3,0																									3,0
2,5																									2,5
2,0																									2,0
1,5																									1,5
1,1																									1,1
0,5																									0,5
0,1																									0,1

TEST DEUX

Faites ce test après environ deux semaines ou quinze heures de processing.

Basez-vous sur la façon dont vous envisagez les choses depuis que vous avez fait le test un.

CHELLE S TONS	1	2	3	4	5	6	7	8	9	10	11	12	13	14	15	16	17	18	19	20	21	22	23	24	ÉCHELLE DES TONS
4,0																									4,0
3,5																									3,5
3,0																									3,0
2,5																									2,5
2,0																									2,0
1,5																									1,5
1,1																									1,1
0,5																									0,5
0,1																									0,1

TEST TROIS

Faites ce test après deux mois de processing.

Basez-vous sur la façon dont vous envisagez les choses depuis le deuxième test.

Suivez les directives données dans le test un.

ÉCHELLE DES TONS	1	2	3	4	5	6	7	8	9	10	11	12	13	14	15	16	17	18	19	20	21	22	23	24	ÉCHELLE DES TONS
4,0																									4,0
3,5																									3,5
3,0																									3,0
2,5																									2,5
2,0																									2,0
1,5																									1,5
1,1																									1,1
0,5																									0,5
0,1																									0,1

CHAPITRE NEUF

COMMENT SE SERVIR DU DISQUE

CHAPITRE NEUF

COMMENT SE SERVIR DU DISQUE IMPORTANT

Le lecteur a à sa disposition un disque découpé en son centre. Il doit l'utiliser. S'il ne l'utilise pas, il perd plus de quatre-vingts pour cent des bénéfices du processing.

Placez le disque sur la question 1 d'une liste, de façon à ce qu'on puisse voir la question à travers. Rappelez-vous l'incident demandé.

Puis regardez le mot qui se trouve en haut du disque. Disons qu'il s'agit du mot « Vue ».

Efforcez-vous alors de « voir » l'incident pendant que vous vous le rappelez.

Puis, sans déplacer le disque, essayez de vous rappeler un autre incident. Efforcez-vous de le « voir ».

Ensuite, tentez de vous rappeler l'incident le plus ancien possible de ce genre et efforcez-vous de le « voir ».

Puis descendez le disque jusqu'à la question suivante, tout en le faisant pivoter afin qu'un autre « sens » apparaisse en haut. Concentrez-vous sur ce « sens » en vous rappelant l'incident.

Retournez le disque chaque fois que vous changez de page de façon à avoir une autre série de perceptions.

Peu importe le « sens » et le côté avec lequel vous commencez.

Vous devriez finalement être capable d'obtenir de plus en plus de perceptions à chaque incident, jusqu'à ce que vous les ayez toutes recouvrées sans effort.

Au cas où vous perdriez le disque, vous pourrez toujours trouver la liste complète des perceptions sur le côté de chaque page. Prenez alors un crayon et cochez-les une à une, au fur et à mesure comme si vous étiez en train de vous servir du disque.

Vous avez à votre disposition un disque vert et un disque blanc. Servez-vous de celui que vous préférez.

SI VOUS N'AVEZ QU'UNE VAGUE IDÉE DE CE QUE LE SENS DEVRAIT ÊTRE ET SI VOUS N'ARRIVEZ PAS, AU DÉBUT, À VOUS SOUVENIR DE QUELQUE CHOSE AU MOYEN DE CE SENS, ASSUREZ-VOUS DU MOINS DE VOUS FAIRE UNE IDÉE DE CE QU'IL POUVAIT ÊTRE.

LE PROCESSING DE DIANÉTIQUE

On peut diviser le processing de Dianétique en deux catégories.

La première, le *processing léger*, comprend le rappel analytique de moments conscients. Elle a pour but d'améliorer l'humeur et d'accroître perceptions et mémoire. Elle résout souvent les somatiques chroniques (maladies psychosomatiques).

La deuxième, le *processing en profondeur*, recherche les causes premières. Elle localise et réduit les moments de douleur physique et de chagrin. Elle s'effectue sans drogues ni hypnose, par un *auditeur* (quelqu'un qui écoute et raisonne). Les auditeurs ont appris la Dianétique soit en étudiant parfaitement le texte de base *Science de la survie*, soit en recevant une formation professionnelle au Centre Hubbard de Dianétique*.

Ce livre ne comprend que du processing léger. Il ne s'agit pas d'« auto-audition ». L'« auto-audition » est pratiquement impossible. Dans ce livre, c'est en fait l'auteur, Ron Hubbard, qui audite le lecteur au moyen d'un processing léger.

* Voir la section *Adresses* à la fin de ce livre.

CHAPITRE DIX

SECTION DU PROCESSING

CHAPITRE DIX

SECTION DU PROCESSING

Ici commencent les listes de questions qui permettent à l'individu d'explorer son passé et d'améliorer ses réactions envers l'existence. En langage de Dianétique, cette section d'auto-processing est appelée *Fil direct*. Il ne s'agit pas d'« auto-audition ». Le lecteur est en fait audité par l'auteur.

Dans le cadre de la Dianétique, on peut considérer ces questions comme une préparation à la coaudition. Ces listes assistent l'auditeur, du fait qu'elles « ouvrent » le cas du préclair, le préparent à l'audition des engrammes et des secondaires et le font monter sur l'échelle des tons. D'après les résultats obtenus à ce jour, ces listes de questions ne vont pas effacer les engrammes et les secondaires en tant que tels, mais elles vont les désintensifier sensiblement et par là même améliorer la condition physique et mentale de l'individu.

Un auditeur, nom donné au praticien de Dianétique parce qu'il écoute et raisonne, peut employer ces questions pendant une séance avec un préclair. En outre, il est possible à deux personnes de travailler avec ces sections, l'une d'elles posant les questions à l'autre qui y répond, ou toutes deux lisant les questions et tentant de se rappeler les incidents demandés.

On emploie ces listes de façon répétée. En d'autres termes, l'individu les recommence maintes et maintes fois. Il n'existe pas de période limitée pour ce travail. Se rappeler les incidents demandés dans les questions est important, car cela permet de déterrer et de décharger les *locks* qui se sont accumulés sur les *engrammes* de base (engrammes : moments de douleur physique et d'inconscience) ainsi que les locks qui se sont accumulés sur les *secondaires* (moments de sentiment aigu de perte, comme la mort d'un être cher). Lorsque ces locks sont déchargés, les engrammes et les secondaires ont relativement peu d'effet. Une mise au clair complète de Dianétique, c'est-à-dire l'effacement total des engrammes et des secondaires d'un individu, permet d'obtenir les meilleurs résultats possibles. Cependant ces questions d'auto-processing préparent le cas à une action de ce genre et elles sont par elles-mêmes grandement bénéfiques.

Pendant qu'il emploie ces questions, le préclair risque d'être sujet à de nombreuses manifestations. Il peut ressentir une libération émotionnelle considérable. Il peut se mettre en colère en se rappelant quelque chose qui lui est arrivé, ou avoir envie de pleurer au rappel de quelque perte subie et même se mettre à pleurer vraiment. Cependant, ces questions ont pour but, non pas de concentrer l'attention de l'individu sur les mauvaises choses qui lui sont arrivées mais, au contraire, de l'attirer sur les bonnes choses qui se sont produites dans sa vie. Lorsqu'on se concentre sur des circonstances heureuses, les circonstances malheureuses tendent à se décharger et perdent beaucoup de leur impact.

Ces questions sont fondées sur les découvertes, les axiomes et les postulats de la Dianétique, lesquels ont permis à d'innombrables personnes de considérablement augmenter leur compréhension de l'existence et du rôle qu'elles y jouent.

On peut considérer que la vie a pour objectif fondamental de survivre dans l'univers matériel. Lorsqu'on examine de près le concept de la survie, on constate qu'il embrasse toutes les activités d'un individu, d'un groupe, d'un État, de la vie elle-même ou de l'univers matériel.

L'univers matériel se compose de matière, d'énergie, d'espace et de temps.

On peut donc concevoir que la vie est engagée dans la conquête de la matière, de l'énergie, de l'espace et du temps, y compris les autres formes de vie, organismes et personnes. Si un organisme ou un groupe a réussi à prendre le dessus sur d'autres organismes et groupes, ainsi que sur l'univers matériel, son potentiel de survie est très élevé. S'il a échoué, son potentiel de survie diminue. Ces moments de succès, tout comme ces moments de douleur, sont accompagnés d'une charge considérable.

Certaines techniques permettent d'éliminer la charge contenue dans les incidents douloureux. Une des façons d'y parvenir est d'amener l'organisme à se concentrer sur les moments où il réussissait à survivre.

En inventant le langage, l'Homme s'est créé une source d'aberration inattendue. La société actuelle attache une importance excessive au langage, mais il est loin d'être la seule raison pour laquelle un organisme ne réussit pas autant qu'il le pourrait. Les mots ne sont que des symboles qui représentent des actions. L'enfant apprend très tôt ces actions ainsi que les symboles qui les représentent. Plus tard, il commence à confondre actions et symboles et à attribuer aux mots une force et un pouvoir — qu'ils n'ont pas. Si vous croyez qu'ils possèdent force et puissance, mettez votre main devant votre bouche et prononcez quelques paroles. Vous constaterez à quel point la force exprimée est négligeable, quels que soient les mots que vous employez.

L'importance erronée qu'on attache à la force des mots provient en fait d'actions physiques dont les mots ne sont que les symboles. Ce qu'il importe donc de savoir, c'est que les mots n'ont aucun pouvoir, contrairement aux actions. Par exemple, l'individu à qui l'on dit de se tenir tranquille n'obéit que parce qu'il a autrefois été soumis à l'action de se tenir tranquille au moyen de la force physique.

Il est important que l'organisme augmente sa mobilité pour de nombreuses raisons. Le fait de découvrir tous les moments où l'on a dit à l'organisme de se tenir tranquille et où il a obéi a une certaine valeur thérapeutique. Mais c'est la découverte des incidents réels au cours desquels l'organisme a véritablement été amené à rester immobile par la force qui lui permettra, dans une large mesure, de recouvrer sa mobilité.

Les listes de ce livre déprécient l'importance du langage. C'est là l'une de leurs nombreuses fonctions, mais elle est d'importance. Aussi, lorsqu'il lit ces listes, l'individu devrait diriger son attention sur des moments où une action s'est déroulée, non sur des moments où quelqu'un lui a dit qu'une action s'était produite. De même que l'ouï-dire ne constitue pas une preuve recevable pour un tribunal, de même les mots et les phrases que d'autres ont dits à l'individu sont-ils inacceptables lors de l'auto-processing.

Par exemple, si on vous demande de vous rappeler un moment où quelqu'un est parti, n'essayez pas de vous rappeler un moment où quelqu'un a dit qu'un autre était parti ou en train de partir. Rappelez-vous le véritable départ physique — sans tenir compte de ce qu'on disait.

Vous constaterez que les mots sont transmis aux autres organismes par le biais de l'univers physique. Par exemple, les sons qui proviennent de l'organisme se transforment en ondes sonores et atteignent l'interlocuteur sous cette forme. Le mot peut aussi être transformé en symboles transcrits à l'encre, qui sont vus alors par un autre organisme (le facteur physique de la lumière entrant également en jeu). Bien que les perceptions extrasensorielles puissent exister, elles ne constituent pas un facteur aberrant.

Nombreuses sont les perceptions — c'est-à-dire les canaux sensoriels — par lesquelles on peut contacter l'univers physique. Vous êtes conscient de l'existence de l'univers physique grâce à vos yeux, vos oreilles, votre bouche et autres systèmes de réception. Ainsi, chaque fois qu'on vous demande de vous rappeler un certain incident, vous demandera-t-on ensuite de mettre votre attention sur un canal sensoriel particulier, actif au moment où vous avez vécu l'incident.

Le disque vous est fourni à cette fin. Vous remarquerez qu'il comporte deux côtés où sont imprimés des perceptions ou messages sensoriels différents. À mesure que vous abordez les questions, les unes après les autres, arrangez-vous pour les lire au travers de l'ouverture découpée dans le disque. Tout en passant à la question suivante, faites pivoter le disque dans le sens inverse des aiguilles d'une montre. Vous obtiendrez ainsi une nouvelle perception.

Disons que la question concerne un moment où quelqu'un vous quittait. Vous allez vous rappeler un moment où cela s'est produit et prendre le véritable moment du départ physique. Nul doute que vous allez obtenir une certaine perception de la scène. Peut-être même en contacterez-vous toutes les perceptions. De nombreuses personnes voient, sentent, entendent, etc., lorsqu'elles se souviennent. D'autres personnes sont trop occluses. Ces listes éliminent les occlusions. Donc, lorsque vous vous rappelez la personne qui vous quittait, vous n'êtes pas censé simplement vous souvenir du concept qu'elle s'en allait, mais du moment où elle est véritablement partie, tout en contactant un maximum de perceptions. Le disque, qui se trouve au-dessus de la question, indiquera, tout en haut, une perception quelconque. Il s'agira peut-être du « Son ». Donc, essayez de recouvrer tous les sons présents au moment où l'individu partait. Concentrez-vous sur ce sens. *Si vous vous avérez incapable de retrouver ces sons, de les entendre à nouveau, essayez au moins de concevoir ce qu'ils pouvaient être.*

En examinant le disque, vous constaterez qu'il fournit six perceptions avec lesquelles vous avez contacté l'univers physique. En fait, il y en a bien plus de six.

Disons que le mot « Émotion » se trouve en haut du disque. Vous venez de vous rappeler l'incident demandé par la question. Essayez alors de vous rappeler tout particulièrement et d'éprouver à nouveau, si possible, l'émotion que vous éprouviez à ce moment.

En passant à la question suivante, tournez le disque d'un cran dans le sens inverse des aiguilles d'une montre. Ce sont les mots « Volume sonore » qui se trouvent maintenant en haut. Après vous être rappelé et avoir perçu l'incident suggéré par la question, portez tout particulièrement votre attention sur le volume des divers sons de l'incident.

En passant à la question suivante, vous allez de nouveau faire pivoter le disque dans le sens inverse des aiguilles d'une montre. Les mots « Position du corps » vont apparaître tout en haut. Lisez la question et rappelez-vous un incident en le percevant le mieux possible, puis mettez tout particulièrement votre attention sur la position de votre corps au moment de l'incident.

Passez à la question suivante et faites pivoter le disque une fois de plus. C'est le mot « Son » qui se trouve tout en haut à présent. Rappelez-vous l'incident en question, puis concentrez-vous sur les sons que vous y entendiez.

Passez à la question suivante et faites pivoter le disque une fois de plus. Le mot « Poids » se trouve maintenant tout en haut. Portez votre attention sur le poids des choses dans l'incident, y compris la force exercée sur vous par la gravité et le poids de tout ce que vous avez pu réellement porter au moment de l'incident, par exemple vos vêtements, une balle ou autre chose.

En faisant pivoter le disque une fois encore, tout en passant à la question suivante, vous découvrirez, tout en haut, les mots « Mouvement personnel ». Après avoir répondu à la question, concentrez-vous sur les mouvements que vous faisiez au moment de l'incident.

Chaque fois que vous débutez une nouvelle page, retournez le disque. Vous aurez alors une nouvelle série de perceptiques.

Lorsque vous ferez cette liste une seconde fois, il est probable que vous ne retomberez pas sur la même perception, car selon cette procédure, celles-ci apparaissent évidemment au hasard en haut du disque. Vous avez, disons, répondu la première fois à une question relative à quelqu'un qui venait vers vous, en portant votre attention sur le « Son » comme le demandait le disque. La deuxième fois que vous allez tomber sur cette question (en refaisant la liste), il se peut que vous trouviez le mot « Émotion » en haut du disque. Contactez alors toute émotion que vous avez éprouvée, même si la première fois vous aviez contacté le son.

Vous trouverez de l'autre côté du disque les perceptions suivantes : « Vue », « Odorat », « Toucher », « Couleur », « Tonalité » et « Mouvement extérieur ».

La « Vue », c'est ce que vous avez véritablement vu au moment de l'incident. L'individu dont les perceptions sont bonnes verra de nouveau ce qu'il avait vu au moment où l'incident s'était produit. Donc, le mot « Vue » implique que vous vous concentriez sur ce que vous voyiez au moment de l'incident.

Le mot « Odorat » implique que l'individu se rappelle toute odeur présente durant la scène dont il est en train de se souvenir.

Le mot « Toucher » implique qu'il se rappelle tout ce qu'il touchait véritablement à ce moment-là, ainsi que la sensation du toucher et la pression. On est toujours en contact tactile avec le monde matériel, ne serait-ce qu'avec les pieds sur le sol ou les vêtements qu'on porte.

Le mot « Couleur », lorsqu'il apparaît en haut du disque, implique que l'individu essaie de percevoir à nouveau les couleurs présentes dans la scène qu'on lui demande de se rappeler.

Le mot « Tonalité » implique que l'individu tente de contacter la qualité du son au moment de l'incident.

Quand « Mouvement extérieur » apparaît en haut du disque, l'individu doit, en se rappelant l'incident demandé par la question, tenter de percevoir le mouvement qui y est contenu — le mouvement d'autres gens, d'objets ou de l'énergie.

Tandis que vous répondez à ces questions, en vous servant du disque, vous explorez votre existence et tentez, du même coup, de ramener à la surface, avec le plus de réalité possible, les choses que vous avez perçues. Le résultat immédiat est une amélioration de votre perception du monde dans le temps présent. Un des autres résultats est une meilleure mémoire. Un autre encore est la remise en ordre et la réévaluation des choses qui vous sont arrivées. Enfin un autre résultat fondamental, d'ordre plus mécanique, est la désintensification des expériences désagréables en les ramenant à la surface. Vous penserez peut-être, pendant un moment, qu'il vaut mieux les oublier. Mais lorsqu'elles sont oubliées, elles ont bien plus d'impact et de qualités destructives que lorsqu'on les a examinées.

L'individu constatera, à mesure qu'il répète l'emploi d'une liste, qu'il contacte des incidents de plus en plus anciens. Il n'est pas impossible qu'il se rappelle jusqu'aux débuts de son existence, sans parler de sa petite enfance.

Je le répète, et ne saurais trop insister sur ce point, ces questions exigent que vous vous souveniez de véritables actions physiques, non de déclarations relatives à des actions physiques. Il est parfaitement légitime de se rappeler une scène vue au cinéma ou lue dans un livre. Mais lorsque vous vous rappelez une telle scène, vous devriez, dans le cas du cinéma, être tout à fait conscient de l'écran et du siège, de l'endroit et du moment où l'incident se déroulait. Pour ce qui est du moment où vous lisiez un livre, ne vous rappelez pas la scène que l'auteur voulait faire voir au lecteur, mais la scène de lecture elle-même, en vous remémorant les caractères d'imprimerie, la chaise sur laquelle vous étiez assis et non ce que vous imaginiez.

Toutes ces questions reposent, même si cela n'est pas visible, sur une technologie considérable. Ce qui importe, c'est qu'en employant sans relâche cette technique, en parcourant une liste puis une autre et en se rappelant ce qui est demandé, l'individu va considérablement améliorer sa faculté de penser et d'agir, son bien-être physique et sa relation avec son milieu actuel.

Vous découvrirez que la toute dernière liste se nomme « Liste de fin de séance ». Cela veut dire qu'après avoir travaillé à une liste, ou vous être audité la durée désirée, pour toute période d'auto-processing, vous vous reportez à la « Liste de fin de séance » et vous répondez aux questions. C'est une action que vous devez faire chaque fois.

Vous trouverez également une liste intitulée « Si quelque chose que vous vous êtes rappelé vous a mis mal à l'aise ». Il s'agit de l'avant-dernière liste de ce livre. Employez-la si, au cours d'une séance d'auto-processing, vous vous sentez très mal à l'aise ou malheureux. Elle vous remontera très vite.

Si vous trouvez extrêmement difficile de vous rappeler un incident dans n'importe laquelle de ces listes, sautez la question et passez à la suivante. Si vous constatez avoir des difficultés à répondre à ces listes, vous obtiendrez de meilleurs résultats en demandant à un ami de vous lire les questions.

Si l'auto-processing vous rend très malheureux, il est probable que vous devriez soumettre votre cas à l'attention d'un auditeur de Dianétique jusqu'à ce que vous soyez capable de vous tirer d'affaire seul.

Vous pouvez utiliser une liste de nombreuses fois avant de passer à la suivante, ou bien les prendre l'une à la suite de l'autre sans en recommencer aucune. Vous constaterez probablement que la première méthode donnera de meilleurs résultats plutôt que de faire ces listes les unes à la suite des autres.

Vous remarquerez également qu'après vous être rappelé un incident plusieurs fois, même un incident désagréable, il n'aura plus le moindre effet sur vous. Cela signifie que son intensité a diminué et que l'énergie qu'il contenait et qui troublait votre existence est en train de se dissiper. S'il vous est possible de vous rappeler plusieurs incidents du même genre, faites-le. S'ils vous perturbent, parcourez-les de nouveau, l'un après l'autre ; puis répétez cette opération. En langage de Dianétique, on appelle cette technique *Fil direct répétitif*. Elle permet de désintensifier les souvenirs désagréables.

Cependant, ces listes ont pour but de vous amener à vous rappeler ceux qui sont agréables. Ceux-ci ne se désintensifient pas comme ceux qui sont désagréables. Au contraire, sans même qu'on s'en rende compte, ces incidents agréables, lorsqu'on se les rappelle, désintensifient les incidents désagréables.

Quand vous faites ces listes, tout ce qu'il vous faut savoir, c'est que ce sont des actions qui vous sont demandées, non des mots, et que vous devez employer le disque afin de vous rappeler une perception particulière présente dans l'incident demandé. Au cas où vous perdriez le disque, notez que sur le côté de chaque page se trouve une liste des perceptions à laquelle vous pourrez vous référer. Si vous employez celle-ci, agissez de la même façon qu'avec le disque, en prenant une nouvelle perception à chaque question.

Ne vous contentez pas de répondre par « Oui » ou par « Non » aux questions. Trouvez un moment véritable de votre vie comme le demande la question. Essayez de percevoir à nouveau ce moment en vous concentrant sur le sens indiqué en haut du disque.

Si les questions vous rendent malheureux, continuez la liste et recommencez-la plusieurs fois. Le malaise se « dissipera à l'usure » après que vous vous serez rappelé de nombreuses fois les incidents malheureux et il se transformera en soulagement.

Certaines personnes sont effrayées à l'idée de persévérer avec ces questions. Vous avez sûrement plus de cran qu'elles. Le pire qui pourrait vous arriver, c'est que ces questions vous tuent.

Ne soyez pas surpris si vous avez sommeil après avoir répondu à certaines questions. C'est le signe que vous êtes en train de vous détendre. Le moins que ce livre puisse faire pour vous, c'est de remplacer vos sédatifs !

Si vous commencez à bâiller en répondant à ces questions, c'est bon signe. Bâiller est le symptôme d'une libération de périodes d'inconscience passées. Peut-être bâillerez-vous au point que les larmes se mettent à couler. C'est que vous êtes en train de progresser.

Si vous vous sentez très groggy en répondant à ces questions, il ne s'agit là que d' « assoupissement » ou évaporation de périodes d'inconscience passées. Continuez simplement à vous rappeler l'incident en question ou d'autres qui lui sont similaires et cette sensation s'évanouira, vous laissant plus alerte qu'auparavant. Si vous interrompez cet assoupissement en mettant fin à la séance, vous risquez de vous sentir de mauvaise humeur ou irritable. Cet assoupissement peut parfois se transformer en inconscience presque totale, mais celle-ci se dissipe toujours. C'est cette inconscience qui vous empêchait de vous trouver haut sur l'échelle des tons.

Il arrive parfois que des douleurs légères, voire aiguës, apparaissent et s'en aillent tandis que vous répondez aux questions. N'essayez pas de découvrir d'où elles viennent. Continuez de répondre aux questions et elles s'en iront. Ignorez-les. Ce ne sont que les fantômes de ce qu'on a l'habitude d'appeler les maladies psychosomatiques, anciennes blessures en restimulation.

Cette accumulation de douleur et d'inconscience passée opprime l'individu. Self-Analyse fait s'éteindre ces expériences passées et les désintensifie, du moins en partie, sans que vous ayez besoin d'en connaître le contenu.

Vous trouverez une description complète de ces manifestations et de leur cause dans le célèbre ouvrage de Dianétique, Science de la survie.

UTILISEZ CES LISTES PLUSIEURS FOIS. Essayez de trouver l'incident le plus ancien possible pour chaque question.

L I S T E 1

INCIDENTS GÉNÉRAUX

L'objectif de cette liste est de vous exercer à vous rappeler des choses. Servez-vous du disque qui se trouve à la fin de ce livre et consultez le début de cette section où sont données les instructions relatives à la façon d'employer cette liste.

Pouvez-vous vous rappeler un moment où :

1. Vous étiez heureux(se).

2. Vous veniez de finir de construire quelque chose.

3. La vie était belle.

4. Quelqu'un vous avait donné quelque chose.

5. Vous mangiez quelque chose de bon.

6. Vous aviez un ami.

7. Vous vous sentiez énergique.

- ☐ *Vue*
- ☐ *Odorat*
- ☐ *Toucher*
- ☐ *Couleur*
- ☐ *Tonalité*
- ☐ *Mouvement extérieur*
- ☐ *Émotion*
- ☐ *Volume sonore*
- ☐ *Position du corps*
- ☐ *Son*
- ☐ *Poids*
- ☐ *Mouvement personnel*

Pouvez-vous vous rappeler un moment où :

8. Quelqu'un vous attendait.

9. Vous conduisiez vite.

10. Vous voyiez quelque chose que vous aimiez.

11. Vous faisiez l'acquisition de quelque chose de bon.

- ☐ *Vue*
- ☐ *Odorat*
- ☐ *Toucher*
- ☐ *Couleur*
- ☐ *Tonalité*
- ☐ *Mouvement extérieur*
- ☐ *Émotion*
- ☐ *Volume sonore*
- ☐ *Position du corps*
- ☐ *Son*
- ☐ *Poids*
- ☐ *Mouvement personnel*

12. Vous jetiez quelque chose de mauvais.

13. Vous embrassiez quelqu'un que vous aimiez.

14. Vous riiez d'une plaisanterie.

15. Vous receviez de l'argent.

16. Vous vous sentiez jeune.

17. Vous aimiez la vie.

18. Vous jouiez à un jeu.

19. Vous aviez le dessus sur quelque chose de dangereux.

20. Vous faisiez l'acquisition d'un animal.

21. Quelqu'un pensait que vous étiez important(e).

Pouvez-vous vous rappeler un moment où :

22. Vous poursuiviez quelque chose de mauvais.

23. Vous étiez enthousiaste.

24. Vous possédiez quelque chose.

25. Vous preniez plaisir à l'existence.

26. Vous alliez vite.

27. Vous preniez plaisir à bien fainéanter.

28. Vous vous sentiez fort(e).

29. Quelqu'un que vous n'aimiez pas s'en allait.

30. Quelqu'un vous aidait.

31. Vous ramassiez quelque chose de bon.

32. Vous mesuriez quelque chose.

33. Vous faisiez un voyage agréable.

34. Vous allumiez une lumière.

35. Vous entendiez de la bonne musique.

- ☐ *Vue*
- ☐ *Odorat*
- ☐ *Toucher*
- ☐ *Couleur*
- ☐ *Tonalité*
- ☐ *Mouvement extérieur*
- ☐ *Émotion*
- ☐ *Volume sonore*
- ☐ *Position du corps*
- ☐ *Son*
- ☐ *Poids*
- ☐ *Mouvement personnel*

Pouvez-vous vous rappeler un moment où :

36. Vous dirigiez quelque chose.

37. Vous détruisiez quelque chose.

38. Vous maîtrisiez quelque chose.

39. Vous aviez de la chance.

- ☐ *Vue*
- ☐ *Odorat*
- ☐ *Toucher*
- ☐ *Couleur*
- ☐ *Tonalité*
- ☐ *Mouvement extérieur*
- ☐ *Émotion*
- ☐ *Volume sonore*
- ☐ *Position du corps*
- ☐ *Son*
- ☐ *Poids*
- ☐ *Mouvement personnel*

40. Vous vous sentiez paisible.

41. Vous voyiez une jolie vue.

42. Vous versiez quelque chose de bon.

43. Vous acquériez quelque chose de rare.

44. Vous faisiez crier un ennemi.

45. Vous aviez un siège confortable.

46. Vous manipuliez bien quelque chose (manipulation physique réelle).

47. Vous déplaciez quelque chose.

48. Vous observiez quelque chose de rapide.

Pouvez-vous vous rappeler un moment où :

49. Vous étiez avec des amis.

50. Vous occupiez un bon espace.

51. Quelqu'un vous aimait.

52. Vous aimiez bien être avec quelqu'un.

53. Vous inventiez quelque chose.

54. Vous maîtrisiez une énergie.

55. Vous tuiez un insecte.

56. Vous empochiez quelque chose.

57. Vous faisiez des progrès.

58. Vous marchiez.

59. Vous sauviez quelque chose.

60. Vous arrêtiez une machine.

61. Vous mettiez une machine en route.

62. Vous aviez bien dormi.

- ☐ *Vue*
- ☐ *Odorat*
- ☐ *Toucher*
- ☐ *Couleur*
- ☐ *Tonalité*
- ☐ *Mouvement extérieur*
- ☐ *Émotion*
- ☐ *Volume sonore*
- ☐ *Position du corps*
- ☐ *Son*
- ☐ *Poids*
- ☐ *Mouvement personnel*

Pouvez-vous vous rappeler un moment où :

63. Vous arrêtiez un voleur.

64. Vous étiez debout sous quelque chose.

65. Vous allumiez un feu.

66. Vous montiez l'escalier.

67. Vous aviez chaud.

68. Vous alliez faire du cheval.

69. Vous étiez adroit(e).

70. Vous nagiez.

71. Vous mainteniez votre position.

72. Vous viviez bien.

73. Vous étiez respecté(e).

74. Vous gagniez une course.

75. Vous mangiez bien.

- ☐ *Vue*
- ☐ *Odorat*
- ☐ *Toucher*
- ☐ *Couleur*
- ☐ *Tonalité*
- ☐ *Mouvement extérieur*
- ☐ *Émotion*
- ☐ *Volume sonore*
- ☐ *Position du corps*
- ☐ *Son*
- ☐ *Poids*
- ☐ *Mouvement personnel*

LISTE 2

ORIENTATION DANS LE TEMPS

Cette liste a pour but d'améliorer votre perception chronologique du passé. Chacun possède un enregistrement complet de tout ce qui lui est arrivé durant son existence. Il se peut qu'on ne parvienne pas à se rappeler tout de suite certaines périodes. Celles-ci sont dites occultées. L'emploi de ces listes fait graduellement disparaître ces périodes occultées qu'on cherche à se rappeler et permet d'améliorer le bien-être physique et mental ainsi que la perception du milieu présent.

On considère en Dianétique que chacun possède une « piste de temps ». Tout ce qu'un individu perçoit durant son existence s'enregistre sur cette piste de temps depuis le début jusqu'à la fin. Il est dangereux d'être sujet à des occlusions, car les données de la zone occluse se muent en compulsions et provoquent un comportement non optimal. Cette liste a pour but de remettre de l'ordre dans la piste de temps en général. Ne vous découragez pas si vous ne pouvez vous rappeler un instant précis d'un souvenir. Trouvez d'abord le souvenir. Si vous parvenez à répondre aux questions suivantes, tout sera pour le mieux.

Pouvez-vous vous rappeler un incident qui s'est produit :

1. Il y a longtemps. (Quelle année ? quel mois ? quelle date ? quelle heure ?)

2. Hier. (Quelle heure ? quelle date ?)

3. Le mois dernier. (Quelle était la position du soleil ?)

4. Quand vous étiez tout(e) petit(e). (Quels vêtements portaient les gens ? quelle était la position du soleil ?)

- ☐ *Vue*
- ☐ *Odorat*
- ☐ *Toucher*
- ☐ *Couleur*
- ☐ *Tonalité*
- ☐ *Mouvement extérieur*
- ☐ *Émotion*
- ☐ *Volume sonore*
- ☐ *Position du corps*
- ☐ *Son*
- ☐ *Poids*
- ☐ *Mouvement personnel*

5. Quand vous ne mesuriez que la moitié de ce que vous mesurez maintenant. (Quelle était la taille des autres à cette époque-là ?)

6. Quand vous pesiez un tiers de ce que vous pesez maintenant. (Quelle était la position du soleil ?)

7. Quand votre mère paraissait plus jeune. (Quels vêtements portait-elle ? quelle était la position du soleil ?)

8. Alors que vous vous sentiez agile. (Quelle année ? quelle heure ?)

9. Noël dernier. (À quel moment de la journée ?)

10. Lors de votre cinquième Noël. (Quels vêtements portaient les autres ?)

Pouvez-vous vous rappeler un incident qui s'est produit :

11. Lors de votre huitième anniversaire. (Quels étaient les meubles ?)

12. Lors d'un anniversaire. (Quel était l'aspect des autres ? l'année ? la position du soleil ?)

13. Ce même jour l'année dernière. (Quelle était la maison où vous viviez ? la date ? la saison ?)

14. Aujourd'hui à midi.

15. Lors d'un banquet. (Quels vêtements portaient les gens présents ?)

16. Lors d'un mariage. (Quelle année ? quelle saison ?)

17. Lors d'une naissance. (Quelle saison ?)

18. Lors d'un rendez-vous avec quelqu'un. (Quelle coiffure ?)

19. À propos d'une pendule. (Quelle était la position du soleil ?)

20. À propos d'une montre-bracelet. (Quel était le mouvement de l'aiguille des secondes ?)

21. Avec un animal. (Alors qu'il était plus petit ?)

- ☐ *Vue*
- ☐ *Odorat*
- ☐ *Toucher*
- ☐ *Couleur*
- ☐ *Tonalité*
- ☐ *Mouvement extérieur*
- ☐ *Émotion*
- ☐ *Volume sonore*
- ☐ *Position du corps*
- ☐ *Son*
- ☐ *Poids*
- ☐ *Mouvement personnel*

Pouvez-vous vous rappeler des incidents qui mettent en parallèle :

1. **Les vêtements d'aujourd'hui et ceux de votre enfance.**

2. **Les coiffures d'aujourd'hui et celles de votre adolescence.**

3. **Quelque chose qui est vieux maintenant et ce même quelque chose quand il était neuf.**

- ☐ *Vue*
- ☐ *Odorat*
- ☐ *Toucher*
- ☐ *Couleur*
- ☐ *Tonalité*
- ☐ *Mouvement extérieur*
- ☐ *Émotion*
- ☐ *Volume sonore*
- ☐ *Position du corps*
- ☐ *Son*
- ☐ *Poids*
- ☐ *Mouvement personnel*

4. **Quelque chose qui était petit et ce même quelque chose qui à présent est grand.**

5. **Quelque chose qui maintenant est vieux et ce même quelque chose quand il était jeune.**

6. **La façon dont le soleil brille le matin et celle dont il brille l'après-midi.**

7. **L'hiver et l'été.**

8. **Le printemps et l'hiver.**

9. **L'automne et le printemps.**

10. **L'aube et le crépuscule.**

11. **Une ombre matinale et une ombre à la tombée du jour.**

Pouvez-vous vous rappeler des incidents qui mettent en parallèle :

12. **Des vêtements qui sont maintenant vieux et ces mêmes vêtements quand ils étaient neufs.**

13. **Un endroit où se dresse une maison et ce même endroit quand il était vide.**

14. **Un espace libre et ce même espace maintenant divisé.**

15. **Un moment long et un moment bref.**

16. **Une cigarette quand on l'allumait et cette même cigarette quand on l'éteignait.**

17. **Le début et la fin d'une course.**

18. **L'heure de se coucher et l'heure de se lever.**

19. **L'école le matin et la sortie de l'école l'après-midi.**

20. **Votre taille actuelle et votre taille durant l'enfance.**

21. **Une journée nuageuse et une journée ensoleillée.**

22. **Un temps orageux et un temps pluvieux.**

- ☐ *Vue*
- ☐ *Odorat*
- ☐ *Toucher*
- ☐ *Couleur*
- ☐ *Tonalité*
- ☐ *Mouvement extérieur*
- ☐ *Émotion*
- ☐ *Volume sonore*
- ☐ *Position du corps*
- ☐ *Son*
- ☐ *Poids*
- ☐ *Mouvement personnel*

Pouvez-vous vous rappeler des incidents qui mettent en parallèle :

23. Quelque chose de chaud et ce même quelque chose une fois refroidi.

24. Quelque chose de jeune et quelque chose de vieux.

25. Un battement de cœur rapide et un battement de cœur lent.

- ☐ *Vue*
- ☐ *Odorat*
- ☐ *Toucher*
- ☐ *Couleur*
- ☐ *Tonalité*
- ☐ *Mouvement extérieur*
- ☐ *Émotion*
- ☐ *Volume sonore*
- ☐ *Position du corps*
- ☐ *Son*
- ☐ *Poids*
- ☐ *Mouvement personnel*

26. Un moment où vous aviez trop chaud et un moment où vous frissonniez.

27. Un moment où vous aviez beaucoup de place et un moment où vous en aviez peu.

28. Un moment où la lumière était éclatante et un moment où elle était faible.

29. Un moment où un feu était ardent et un moment où il s'éteignait.

30. Un objet à moitié construit et ce même objet au début de sa construction.

31. Une personne quand elle était grande et cette même personne quand elle était petite.

32. Un moment où vous vous sentiez petit(e) et un moment où vous vous sentiez adulte.

Pouvez-vous vous rappeler des incidents qui mettent en parallèle :

33. Hier matin et ce matin.

34. Un calendrier neuf et ce même calendrier avec ses feuilles toutes arrachées.

35. Une horloge arrêtée et une horloge en marche.

36. Le mouvement du Soleil et celui de la Lune.

37. Un moment où vous vous sentiez fatigué(e) et un moment où vous vous sentiez énergique.

38. Les voitures d'autrefois et celles d'aujourd'hui.

39. Le moment où vous commenciez cette liste et le moment où vous avez abordé cette question.

- ☐ *Vue*
- ☐ *Odorat*
- ☐ *Toucher*
- ☐ *Couleur*
- ☐ *Tonalité*
- ☐ *Mouvement extérieur*
- ☐ *Émotion*
- ☐ *Volume sonore*
- ☐ *Position du corps*
- ☐ *Son*
- ☐ *Poids*
- ☐ *Mouvement personnel*

LISTE 3

ORIENTATION SENSORIELLE

Cette liste est spécialement destinée à attirer votre attention sur l'existence des nombreux canaux sensoriels qui vous permettent de vous percevoir vous-même et de percevoir l'univers physique qui vous entoure. Bien que chaque question concerne un canal sensoriel bien déterminé, comme la « Vue » ou le « Son », vous pouvez quand même vous servir du disque. En effet, ce qui vous est demandé, c'est de trouver des moments bien précis où vous utilisiez divers sens, car tout moment comprend bien d'autres messages sensoriels que celui qu'on vous demande de vous rappeler. Alors, utilisez le disque comme d'habitude. Lorsque vous vous êtes rappelé un incident bien déterminé, comme la question le demandait, essayez de vous le rappeler en mettant votre attention sur le sens indiqué en haut du disque à ce moment-là.

LE SENS DU TEMPS

Tout le monde possède le sens du *temps*. Ce dernier peut devenir aberré. La présence d'horloges un peu partout semble indiquer qu'une aide mécanique nous est nécessaire pour savoir l'heure. Le premier individu dont le sens du temps s'est aberré ou s'est détraqué a rendu souhaitable l'existence de la première horloge, mais elle ne l'était que pour lui. Les horloges et les calendriers sont des artifices qui symbolisent le temps. Ce dernier est pourtant quelque chose de tangible que l'individu peut percevoir sans intermédiaire. La section qui suit et presque toutes les sections de ces listes rendent à l'individu le sens du temps. La plupart des gens confondent temps et espace. Les mots qui décrivent le temps sont les mêmes que ceux qui décrivent l'espace, ce qui montre bien que l'Homme n'accorde aucune attention à son sens du temps. L'organisme mesure le temps de nombreuses façons, surtout en se basant sur le mouvement, la croissance ou le déclin. Le changement est le symbole le plus marquant du temps qui s'écoule. Pourtant, chacun possède un sens inné du temps, même s'il a pu être occlus par une société qui, en se servant d'horloges et de calendriers, semble nier son existence. Votre perception du temps, au contraire, devrait être très claire.

Pouvez-vous vous rappeler un moment où :

- ☐ *Vue*
- ☐ *Odorat*
- ☐ *Toucher*
- ☐ *Couleur*
- ☐ *Tonalité*
- ☐ *Mouvement extérieur*
- ☐ *Émotion*
- ☐ *Volume sonore*
- ☐ *Position du corps*
- ☐ *Son*
- ☐ *Poids*
- ☐ *Mouvement personnel*

1. Il était très tard.

2. Vous étiez en avance.

3. Vous deviez attendre.

4. Vous deviez rester debout à porter un poids pendant un certain temps.

5. Vous alliez très vite.

Pouvez-vous vous rappeler un moment où :

6. Vous parcouriez beaucoup d'espace.

7. Vous mettiez beaucoup de temps (véritablement, pas quand quelqu'un d'autre vous le disait).

8. Un objet s'arrêtait de fonctionner (pas une horloge).

9. Il y avait une longue étendue d'espace.

10. Il y avait une courte étendue d'espace.

11. Un objet bougeait.

12. Un animal bougeait.

13. L'aiguille d'une horloge se déplaçait.

14. Il y avait un objet rond.

15. Il y avait un objet à proximité d'un autre.

16. Il y avait un éclair.

17. Quelqu'un cassait une montre (le temps s'est-il arrêté ?).

18. Vous passiez un bon moment.

19. C'était trop tard.

20. Quelqu'un vivait trop longtemps.

- ☐ *Vue*
- ☐ *Odorat*
- ☐ *Toucher*
- ☐ *Couleur*
- ☐ *Tonalité*
- ☐ *Mouvement extérieur*
- ☐ *Émotion*
- ☐ *Volume sonore*
- ☐ *Position du corps*
- ☐ *Son*
- ☐ *Poids*
- ☐ *Mouvement personnel*

(Vous trouverez d'autres questions relatives au temps dans la première moitié de la liste 2.)

LA VUE

Le canal sensoriel qu'on appelle la *vue* comprend plusieurs éléments. Les ondes lumineuses qui émanent du Soleil, de la Lune, des étoiles ou de sources artificielles se reflètent sur les objets, puis pénètrent les yeux et s'enregistrent pour servir, soit immédiatement, soit ultérieurement. Les sources lumineuses elles aussi sont enregistrées. C'est là la perception sensorielle appelée vue. Elle comprend plusieurs subdivisions.

La première d'entre elles pourrait être le *mouvement* : la vue a besoin d'un certain laps de temps pour enregistrer une image au mouvement continu. Même si l'on est capable de voir le mouvement dans le temps présent, il est possible qu'à cause de diverses aberrations, on ne se souvienne que d'images immobiles. Il n'en reste pas moins que tous les mouvements sont enregistrés et qu'on peut se les rappeler sous forme d'images animées. C'est ainsi que les autres sens dépendent tous du temps pour capter le message du mouvement, car ce dernier est également enregistré par les autres perceptions.

Prenons un exemple : la *perception en couleurs* est l'un des éléments de la vue. Certaines personnes sont daltoniennes dans le temps présent. Elles voient en couleurs mais s'avèrent incapables de percevoir les nuances. D'autres personnes, elles, voient en couleurs dans le temps présent, mais elles ne se souviennent qu'en noir et blanc ; elles sont atteintes d'achromatopsie sur le plan des souvenirs. La couleur a entièrement disparu. Se rappeler quelque chose qu'on a vu en couleurs sous forme d'images immobiles ou en noir et blanc est une aberration à laquelle il est facile de remédier.

La *perception de la profondeur* est une autre partie de la vue. Elle se manifeste de deux façons. Tout d'abord lorsqu'on voit la différence de grandeur entre les objets, ce qui permet de concevoir que tel objet est plus éloigné qu'un autre ou qu'il se trouve à une certaine distance et ensuite, par un effet « stéréoscopique » dû au fait que l'on possède deux yeux. Chaque œil voit un peu autour de l'objet, ce qui lui permet de vraiment percevoir la profondeur. Pourtant, on peut posséder deux yeux et ne pas percevoir la profondeur lorsqu'on observe. De plus, on peut parfaitement percevoir la profondeur dans le temps présent, mais néanmoins s'en avérer incapable lorsqu'on se rappelle certaines images, et voir ces dernières sans aucun relief. Ce défaut de perception peut lui aussi être corrigé.

L'individu qui serait incapable de percevoir le mouvement, les couleurs ou la profondeur du temps présent ferait un conducteur dangereux — et c'est presque aussi grave de ne pas se rappeler ce qu'on a vu ou de se le rappeler sans percevoir la profondeur, les couleurs et le mouvement. La partie ci-dessous de la liste vous donnera un meilleur aperçu de ce qu'est la vue. D'une manière générale, on développe ces perceptiques au moyen de l'usage répété de ces listes. Si, lors du rappel, vous ne parvenez pas immédiatement à voir ce que vous aviez regardé à quelque moment du passé, essayez simplement de concevoir à quoi ressemblaient les choses.

Pouvez-vous vous rappeler avoir vu une chose qui était :

1. Très brillante.

2. Sombre.

3. Verte.

4. Vaste.

5. En mouvement.

6. Plate.

7. Profonde.

- ☐ *Vue*
- ☐ *Odorat*
- ☐ *Toucher*
- ☐ *Couleur*
- ☐ *Tonalité*
- ☐ *Mouvement extérieur*
- ☐ *Émotion*
- ☐ *Volume sonore*
- ☐ *Position du corps*
- ☐ *Son*
- ☐ *Poids*
- ☐ *Mouvement personnel*

Pouvez-vous vous rappeler avoir vu une chose qui était :

8. Colorée.

9. Rapide.

10. Lente.

11. Agréable.

- ☐ *Vue*
- ☐ *Odorat*
- ☐ *Toucher*
- ☐ *Couleur*
- ☐ *Tonalité*
- ☐ *Mouvement extérieur*
- ☐ *Émotion*
- ☐ *Volume sonore*
- ☐ *Position du corps*
- ☐ *Son*
- ☐ *Poids*
- ☐ *Mouvement personnel*

12. Désirable.

13. Jolie.

14. Rare.

15. Remarquable.

16. Confuse.

17. Mystérieuse.

18. Paresseuse.

19. Chaude.

20. Joyeuse.

21. Presque invisible.

Pouvez-vous vous rappeler avoir vu une chose qui était :

22. Brouillée.

23. Nettement définie.

24. Adorable.

25. Passionnée.

26. Gaie.

27. Très réelle. (Quelque chose que vous pouvez vraiment bien vous rappeler avec la vue.)

- ☐ *Vue*
- ☐ *Odorat*
- ☐ *Toucher*
- ☐ *Couleur*
- ☐ *Tonalité*
- ☐ *Mouvement extérieur*
- ☐ *Émotion*
- ☐ *Volume sonore*
- ☐ *Position du corps*
- ☐ *Son*
- ☐ *Poids*
- ☐ *Mouvement personnel*

LES GRANDEURS RELATIVES

Le fait de connaître sa propre taille par rapport à la scène dont on fait partie et par rapport aux objets et aux organismes qui s'y trouvent est en soi une perception sensorielle. Il est particulièrement pénible pour les enfants — et nul doute que vous avez ressenti la même chose quand vous étiez petit — d'être entourés d'objets si grands. Lorsqu'un individu se souvient clairement d'un incident de l'enfance, il est souvent très surpris de découvrir combien les choses et ces géants, les adultes qui l'entouraient, lui semblaient grands. Un sentiment de petitesse à proximité de grands objets entraîne quelquefois une sensation d'infériorité. On dit même que les gens plus petits que la moyenne se sentent moins en sécurité dans leur milieu. Cela est évidemment dû au fait que leur taille adulte est inférieure à la moyenne ; il en résulte que la sensation de petitesse et d'infériorité éprouvée durant l'enfance est constamment restimulée. Cela n'est pas dû au fait que la personne, quoique petite, soit vraiment inférieure. Par exemple, les gens d'une taille supérieure à la moyenne s'aperçoivent de cet état de choses, parce que ceux qui sont plus petits qu'eux essayent souvent, à cause de leur taille supérieure, de les rabaisser. Il est donc important de corriger la perception des *grandeurs relatives*, et la personne d'une taille supérieure à la moyenne ferait bien d'apporter un changement au disque avec lequel elle travaille en rayant les mots « Volume sonore » pour les remplacer par « Grandeur relative ».

Pouvez-vous vous rappeler un moment où :

1. Vous étiez plus grand(e) qu'un animal.

2. Vous étiez plus petit(e) qu'un objet.

3. Vous étiez plus grand(e) qu'une personne.

Pouvez-vous vous rappeler un moment où :

4. Vous étiez plus petit(e) qu'une personne.

5. Les choses vous paraissaient petites.

6. Les choses vous paraissaient grandes.

7. Vous vous trouviez dans un vaste espace.

8. Vous regardiez les étoiles.

9. Un objet vous faisait paraître minuscule.

10. Vous voyiez un géant.

11. Quelqu'un vous servait.

12. Vous effrayiez quelqu'un.

13. Vous poursuiviez quelqu'un.

14. Vous rossiez un garçon plus grand que vous.

15. Les meubles étaient trop petits pour vous.

16. Un lit était trop petit pour vous.

17. Un lit était trop grand pour vous.

- ☐ *Vue*
- ☐ *Odorat*
- ☐ *Toucher*
- ☐ *Couleur*
- ☐ *Tonalité*
- ☐ *Mouvement extérieur*
- ☐ *Émotion*
- ☐ *Volume sonore*
- ☐ *Position du corps*
- ☐ *Son*
- ☐ *Poids*
- ☐ *Mouvement personnel*

Pouvez-vous vous rappeler un moment où :

18. Un chapeau ne vous allait pas.

19. Vous deviez être poli(e).

20. Vous malmeniez quelqu'un.

21. Vos vêtements étaient trop grands.

22. Vos vêtements étaient trop petits.

- ☐ *Vue*
- ☐ *Odorat*
- ☐ *Toucher*
- ☐ *Couleur*
- ☐ *Tonalité*
- ☐ *Mouvement extérieur*
- ☐ *Émotion*
- ☐ *Volume sonore*
- ☐ *Position du corps*
- ☐ *Son*
- ☐ *Poids*
- ☐ *Mouvement personnel*

23. Le véhicule était trop grand.

24. Le véhicule était trop petit.

25. Un espace était trop grand.

26. Une table était trop grande.

27. Votre bras était trop grand.

28. Un cuisinier était petit.

29. Vous parveniez à atteindre quelque chose au-dessus de vous.

30. Une balle était trop petite.

31. Une fille était plus petite.

32. Un bureau était trop petit.

Pouvez-vous vous rappeler :

33. Une grande fourchette.

34. Une petite bouilloire.

35. Une petite colline.

36. Un petit poisson.

37. Une petite fleur.

38. Un petit docteur.

39. Un chien minuscule.

40. Un petit homme.

41. Un petit enfant.

42. Un petit chat.

43. Une petite maison.

44. Une petite machine.

45. Des jambes courtes.

46. Un petit visage.

47. Un petit endroit.

- ☐ *Vue*
- ☐ *Odorat*
- ☐ *Toucher*
- ☐ *Couleur*
- ☐ *Tonalité*
- ☐ *Mouvement extérieur*
- ☐ *Émotion*
- ☐ *Volume sonore*
- ☐ *Position du corps*
- ☐ *Son*
- ☐ *Poids*
- ☐ *Mouvement personnel*

LE SON

Le *son* est la perception d'ondes émanant d'objets en mouvement. Un objet bouge, rapidement ou lentement, et fait vibrer l'air dans son voisinage. Lorsque ces vibrations frappent le tympan, elles mettent en branle le mécanisme d'enregistrement du son de l'individu, et le son s'enregistre. Le son est inexistant dans le vide. Ce n'est rien d'autre qu'une onde de force. Un son trop fort ou trop discordant peut être physiquement douloureux, tout comme une lumière trop vive peut faire mal aux yeux. Cependant, la nervosité occasionnée par le son, comme celle causée par la lumière, est surtout une aberration injustifiée, car habituellement le son n'est pas en lui-même blessant, et rares sont les incidents dans la vie de l'individu où un son était suffisamment fort pour entraîner une détérioration physique. Le fait de ressentir de l'appréhension et de l'anxiété à l'égard de l'univers physique et d'autres gens peut amener l'individu à ne plus supporter aucun son, car c'est l'un des mécanismes de mise en garde les plus fiables. Il est idiot de sursauter au moindre son dans un milieu civilisé, d'avoir peur des voix des autres ou même du bruit de la circulation, car il est rare que les gens vivent une existence violente et sauvage qui justifie une telle réaction. Du fait que le son se mélange à la douleur passée, l'individu peut associer par erreur le moment où il entend le son (et il peut faire de même avec d'autres perceptiques) à la douleur passée. Ces listes permettent à l'individu de recouvrer son aptitude à faire la différence entre un moment et un autre, entre une situation et une autre.

Le son comprend plusieurs éléments. Le premier d'entre eux est la *fréquence*, qui est le nombre de vibrations sonores par unité de temps émanant de tout objet qui produit un son. Le deuxième est la *qualité* du son, ou *tonalité*, qui est simplement la différence entre un son rocailleux ou saccadé et une onde sonore harmonieuse, comme une note de musique. Le troisième est le *volume*, qui n'est autre que la force de l'onde sonore, faible ou importante.

Le *rythme* est en fait un composant du sens du temps. C'est également la faculté de déterminer les espaces entre des ondes sonores au battement régulier, comme dans le cas du martèlement d'un tambour.

Beaucoup de gens ont ce qu'on appelle l'*ouïe hypersensible* — c'est-à-dire qu'ils sont exagérément sensibles aux sons. Cela s'accompagne d'ordinaire d'une peur générale du milieu ou des gens. Il y a aussi la *surdité* : l'individu nie carrément les sons. Parfois la surdité a évidemment été occasionnée par quelque trouble d'ordre purement mécanique du système d'enregistrement. Mais, dans la plupart des cas, la surdité, surtout lorsqu'elle est partielle, est « psychosomatique » ou causée par une aberration mentale. Au début, il se peut que l'individu soit incapable de se rappeler ce qu'il a entendu, ce qui a été enregistré dans le passé, lorsqu'il se souvient. En d'autres termes, il n'obtient pas de son lorsqu'il se souvient avoir entendu un son. C'est là une occlusion des enregistrements sonores. En Dianétique, le fait de se rappeler un son en l'entendant de nouveau est appelé « sonique ». C'est une faculté souhaitable qu'on peut rendre à l'individu.

Il est intéressant de noter qu'il existe aussi une *perception de la profondeur* du son. Du fait qu'il possède deux oreilles, l'individu obtient un effet « stéréophonique » avec les sources sonores, ce qui lui permet d'estimer leur distance et leur position par rapport à lui.

Pouvez-vous vous rappeler un moment où vous entendiez :

- ☐ *Vue*
- ☐ *Odorat*
- ☐ *Toucher*
- ☐ *Couleur*
- ☐ *Tonalité*
- ☐ *Mouvement extérieur*
- ☐ *Émotion*
- ☐ *Volume sonore*
- ☐ *Position du corps*
- ☐ *Son*
- ☐ *Poids*
- ☐ *Mouvement personnel*

1. Un vent léger.

2. Une voix douce.

3. Un son agréable.

4. Une voix agréable.

Pouvez-vous vous rappeler un moment où vous entendiez :

5. Une brise.

6. Un chien gémir.

7. Une cloche.

8. Une voix enjouée.

- ☐ *Vue*
- ☐ *Odorat*
- ☐ *Toucher*
- ☐ *Couleur*
- ☐ *Tonalité*
- ☐ *Mouvement extérieur*
- ☐ *Émotion*
- ☐ *Volume sonore*
- ☐ *Position du corps*
- ☐ *Son*
- ☐ *Poids*
- ☐ *Mouvement personnel*

9. Un instrument de musique.

10. Une porte se fermer.

11. De l'eau couler.

12. Un liquide sortir d'une bouteille.

13. De la bonne nourriture en train de frire.

14. Une balle rouler.

15. Une roue siffler.

16. Une voiture démarrer.

17. Un enfant rire.

Pouvez-vous vous rappeler un moment où vous entendiez :

18. Une balle rebondir.

19. Une machine à coudre fonctionner.

20. Un chat miauler.

21. Un stylo écrire.

22. Un enfant courir.

23. Une page de livre tourner.

24. Un journal qu'on ouvrait.

25. Un baiser.

26. Un son stimulant.

27. Un son doux.

28. Un son rythmique.

29. Un son heureux.

30. Un frottement.

- ☐ *Vue*
- ☐ *Odorat*
- ☐ *Toucher*
- ☐ *Couleur*
- ☐ *Tonalité*
- ☐ *Mouvement extérieur*
- ☐ *Émotion*
- ☐ *Volume sonore*
- ☐ *Position du corps*
- ☐ *Son*
- ☐ *Poids*
- ☐ *Mouvement personnel*

Pouvez-vous vous rappeler un moment où vous entendiez :

31. Un son enthousiaste.

32. Un soupir.

33. Une voix ardente.

34. Des réjouissances bruyantes.

- ☐ *Vue*
- ☐ *Odorat*
- ☐ *Toucher*
- ☐ *Couleur*
- ☐ *Tonalité*
- ☐ *Mouvement extérieur*
- ☐ *Émotion*
- ☐ *Volume sonore*
- ☐ *Position du corps*
- ☐ *Son*
- ☐ *Poids*
- ☐ *Mouvement personnel*

35. Un orchestre.

36. Un son doucereux.

37. Une eau paisible.

38. Un son dans un grand endroit.

39. Un son désiré.

40. Un son sympathique.

41. Un son de la vie domestique.

42. Un son qui dénotait l'activité.

43. Un bruit agréable.

Pouvez-vous vous rappeler un moment où vous entendiez :

44. Un son lointain.

45. Un son proche.

46. Des sons qui s'entremêlaient.

47. Un son rassurant.

48. Un son qui est très réel pour vous.

- ☐ *Vue*
- ☐ *Odorat*
- ☐ *Toucher*
- ☐ *Couleur*
- ☐ *Tonalité*
- ☐ *Mouvement extérieur*
- ☐ *Émotion*
- ☐ *Volume sonore*
- ☐ *Position du corps*
- ☐ *Son*
- ☐ *Poids*
- ☐ *Mouvement personnel*

L'ODORAT

L'*odorat* est de toute évidence un sens mis en branle par de petites particules émanant de l'objet que l'on perçoit alors qu'elles traversent l'espace et touchent les nerfs. Lorsqu'on y réfléchit, elles semblent parfois assez désagréables. Mais il existe également des odeurs très agréables.

L'odorat comprend quatre subdivisions, réparties essentiellement en types d'odeur.

D'ordinaire, on considère le *goût* comme faisant partie de l'odorat.

Pouvez-vous vous rappeler un moment où vous sentiez :

1. Quelque chose de sucré.

2. Quelque chose d'acide.

- ☐ *Vue*
- ☐ *Odorat*
- ☐ *Toucher*
- ☐ *Couleur*
- ☐ *Tonalité*
- ☐ *Mouvement extérieur*
- ☐ *Émotion*
- ☐ *Volume sonore*
- ☐ *Position du corps*
- ☐ *Son*
- ☐ *Poids*
- ☐ *Mouvement personnel*

3. Quelque chose d'huileux.

4. Quelque chose de piquant.

5. Quelque chose d'appétissant.

6. Quelque chose de brûlé.

7. Quelque chose de stimulant.

8. Quelque chose de joyeux.

9. Une bonne personne.

Pouvez-vous vous rappeler un moment où vous sentiez :

10. Une personne heureuse.

11. Une personne chaleureuse.

12. Un animal gentil.

13. Une jolie feuille.

14. De l'herbe coupée.

15. Quelque chose de passionné.

16. Quelque chose que vous désiriez.

17. Quelque chose que vous jetiez.

18. Un oiseau.

19. Quelque chose d'excitant.

20. Quelque chose d'alléchant.

21. Un enfant.

22. De la poudre de riz.

23. Du parfum.

- ☐ *Vue*
- ☐ *Odorat*
- ☐ *Toucher*
- ☐ *Couleur*
- ☐ *Tonalité*
- ☐ *Mouvement extérieur*
- ☐ *Émotion*
- ☐ *Volume sonore*
- ☐ *Position du corps*
- ☐ *Son*
- ☐ *Poids*
- ☐ *Mouvement personnel*

Pouvez-vous vous rappeler un moment où vous sentiez :

24. Du rouge à lèvres.

25. Du cuir.

26. La fumée d'une pipe.

27. De la sueur.

28. De la laine.

29. Des draps propres.

30. De l'air frais.

31. Un bouquet.

32. De l'argent.

33. Du papier.

34. Des meubles.

35. Une belle matinée.

36. Une fête.

37. Une odeur agréable très réelle pour vous.

- ☐ *Vue*
- ☐ *Odorat*
- ☐ *Toucher*
- ☐ *Couleur*
- ☐ *Tonalité*
- ☐ *Mouvement extérieur*
- ☐ *Émotion*
- ☐ *Volume sonore*
- ☐ *Position du corps*
- ☐ *Son*
- ☐ *Poids*
- ☐ *Mouvement personnel*

Pouvez-vous vous rappeler un moment où vous goûtiez :

1. De la soupe.

2. Des œufs.

3. Du pain.

4. Des biscuits.

5. Du café.

6. Du thé.

7. Du lait.

8. Des céréales.

9. Des beignets.

10. Du poisson.

11. Du bœuf.

12. Du poulet.

13. Un steak.

14. Du canard.

- ☐ *Vue*
- ☐ *Odorat*
- ☐ *Toucher*
- ☐ *Couleur*
- ☐ *Tonalité*
- ☐ *Mouvement extérieur*
- ☐ *Émotion*
- ☐ *Volume sonore*
- ☐ *Position du corps*
- ☐ *Son*
- ☐ *Poids*
- ☐ *Mouvement personnel*

Pouvez-vous vous rappeler un moment où vous goûtiez :

15. De la farce.

16. Du fromage.

17. Un filet.

18. Des pommes de terre.

- ☐ *Vue*
- ☐ *Odorat*
- ☐ *Toucher*
- ☐ *Couleur*
- ☐ *Tonalité*
- ☐ *Mouvement extérieur*
- ☐ *Émotion*
- ☐ *Volume sonore*
- ☐ *Position du corps*
- ☐ *Son*
- ☐ *Poids*
- ☐ *Mouvement personnel*

19. De la pastèque.

20. Un cocktail.

21. Une liqueur.

22. Un sandwich chaud.

23. De la gelée.

24. De la glace.

25. Du pudding.

26. Des bonbons.

27. Des cornichons.

28. Du punch.

Pouvez-vous vous rappeler un moment où vous goûtiez :

29. Un légume.

30. Une pomme.

31. Une orange.

32. Un fruit.

33. Du gâteau.

34. Quelque chose qui était vraiment bien cuisiné.

35. Quelque chose que vous aimez manger cru.

36. Un gâteau sec.

37. Un cracker.

38. De la viande.

39. Quelque chose de froid.

40. Quelque chose de chaud.

41. Votre plat préféré.

- ☐ *Vue*
- ☐ *Odorat*
- ☐ *Toucher*
- ☐ *Couleur*
- ☐ *Tonalité*
- ☐ *Mouvement extérieur*
- ☐ *Émotion*
- ☐ *Volume sonore*
- ☐ *Position du corps*
- ☐ *Son*
- ☐ *Poids*
- ☐ *Mouvement personnel*

Pouvez-vous vous rappeler un moment où vous goûtiez :

42. Quelque chose dans un endroit chic.

43. Quelque chose à une fête.

44. Quelque chose en plein air.

45. Quelque chose en vacances.

- ☐ *Vue*
- ☐ *Odorat*
- ☐ *Toucher*
- ☐ *Couleur*
- ☐ *Tonalité*
- ☐ *Mouvement extérieur*
- ☐ *Émotion*
- ☐ *Volume sonore*
- ☐ *Position du corps*
- ☐ *Son*
- ☐ *Poids*
- ☐ *Mouvement personnel*

46. Quelque chose alors que vous aviez très faim.

47. Quelque chose de rare.

48. Quelque chose qui vous procurait une sensation de bien-être.

49. Quelque chose pour lequel vous étiez reconnaissant(e).

50. Quelque chose que vous attendiez depuis longtemps.

51. Quelque chose que vous n'aviez pas été capable d'obtenir.

52. Quelque chose que vous aviez volé.

LE TOUCHER

Le sens du *toucher* est le canal de communication qui informe le système de commande central du corps qu'une partie de ce dernier est en contact avec l'univers matériel, d'autres organismes ou l'organisme lui-même. Le sens du toucher est probablement le sens le plus ancien pour ce qui est du système nerveux central. Il comprend quatre subdivisions. La première en est la *pression* ; la deuxième la *friction* ; la troisième la sensation du *chaud* ou du *froid* ; et la dernière, la *nature huileuse*.

De même que l'individu peut être dur d'oreille ou avoir mauvaise vue, de même peut-il posséder un sens du toucher peu éveillé ou pratiquement inexistant. On appelle cela *anesthésie*. Le sens du toucher peut, comme tous les autres perceptiques, être agréable, désagréable ou douloureux. Lorsque l'individu a énormément souffert, lors d'un accident, d'une maladie ou d'une blessure, il est enclin à couper la communication avec l'univers physique et les autres organismes, de même qu'il coupe la communication en attrapant une mauvaise vue, en devenant dur d'oreille, etc. Le sens du toucher peut non seulement être affaibli chez certaines personnes, mais il peut également s'avérer hypersensible chez d'autres. Ce canal sensoriel est alors aberré. Dans un tel cas, ces personnes perçoivent beaucoup plus de danger qu'il n'y en a. Un sens du toucher aberré se manifeste, entre autres, par une hypersensibilité à l'égard du contact sexuel, lequel devient alors douloureux ou tourmenté. Il peut également se manifester par un certain engourdissement face à ce contact, si bien que toute sensation sexuelle est pratiquement absente. Le sens du toucher est très important. Il constitue l'une des sources de plaisir, comme dans le sexe. Il est aussi, dans une large mesure, à la base de la sensation qu'est la douleur physique. Le sens du toucher s'étend du système nerveux central jusqu'à la surface de la peau. Ainsi est-il en relation étroite et en contact direct avec l'univers physique. La vue, l'ouïe et l'odorat contactent généralement les choses à distance, tandis que le toucher ne réagit qu'aux contacts immédiats. Le toucher est l'un des sens qui nous procure du plaisir à manger et rejoint, par là même, le sens du goût.

Pour constater à quel point beaucoup de gens ont un mauvais sens du toucher, essayez de poser amicalement votre main sur l'épaule de quelqu'un. Bien trop nombreux sont ceux qui vont s'y soustraire ou reculer devant ce contact. Un sens du toucher aberré est dans une certaine mesure la cause de l'impuissance et d'une aversion pour la nourriture ou le contact sexuel. En restaurant le sens du toucher, vous aurez, dans une large mesure, rendu à l'individu sa confiance dans le milieu et, par là même, considérablement amélioré sa survie, car il pourra de nouveau ressentir du plaisir là où il ne ressentait que dégoût.

Pouvez-vous vous rappeler un incident où vous sentiez (touchiez) :

1. La pression sur vos pieds alors que vous étiez debout.

2. Une fourchette.

3. Une surface grasse.

4. La pression d'un siège dans un cinéma.

5. Un volant.

6. Un chat.

7. Une autre personne.

8. Des vêtements frais.

9. Vos cheveux.

10. Un enfant.

- ☐ *Vue*
- ☐ *Odorat*
- ☐ *Toucher*
- ☐ *Couleur*
- ☐ *Tonalité*
- ☐ *Mouvement extérieur*
- ☐ *Émotion*
- ☐ *Volume sonore*
- ☐ *Position du corps*
- ☐ *Son*
- ☐ *Poids*
- ☐ *Mouvement personnel*

Pouvez-vous vous rappeler un incident où vous sentiez (touchiez) :

11. Quelque chose que vous admiriez.

12. Quelque chose de neuf.

13. Un bras.

14. Une balle.

15. Un fauteuil.

16. Un col.

17. Un tisonnier.

18. Un instrument de musique.

19. Quelque chose de confortable.

20. Quelque chose qui vous donnait confiance.

21. Quelque chose de brillant.

22. Un bureau.

23. Une fille.

24. Un garçon.

25. Un poisson.

26. Une poupée.

- ☐ *Vue*
- ☐ *Odorat*
- ☐ *Toucher*
- ☐ *Couleur*
- ☐ *Tonalité*
- ☐ *Mouvement extérieur*
- ☐ *Émotion*
- ☐ *Volume sonore*
- ☐ *Position du corps*
- ☐ *Son*
- ☐ *Poids*
- ☐ *Mouvement personnel*

Pouvez-vous vous rappeler un incident où vous sentiez (touchiez) :

27. De la soie.

28. Du velours.

29. Votre oreille.

30. Votre corps.

31. Quelque chose qui vous rendait enthousiaste.

32. Quelque chose qui vous remplissait de joie.

33. Quelque chose que vous désiriez à tout prix.

34. Quelqu'un qui était fidèle.

35. Un enfant heureux.

36. Une main généreuse.

37. Une bonne machine.

38. Une lettre agréable.

39. Un journal contenant de bonnes nouvelles.

40. Un téléphone par lequel vous obteniez de bonnes nouvelles.

- ☐ *Vue*
- ☐ *Odorat*
- ☐ *Toucher*
- ☐ *Couleur*
- ☐ *Tonalité*
- ☐ *Mouvement extérieur*
- ☐ *Émotion*
- ☐ *Volume sonore*
- ☐ *Position du corps*
- ☐ *Son*
- ☐ *Poids*
- ☐ *Mouvement personnel*

Pouvez-vous vous rappeler un incident où vous sentiez (touchiez) :

41. Un chapeau.

42. Un visage aimé.

43. Une rampe d'escalier.

44. Un objet sympathique.

45. Un objet en mouvement.

46. Un objet que vous aimiez beaucoup.

47. Un ennemi qui se faisait blesser.

48. Une personne polie.

49. Quelque chose de joli.

50. Quelque chose qui vous réjouissait.

51. Un aliment que vous aimiez manger.

52. Quelque chose en lequel vous croyiez.

53. Quelque chose que vous aimiez caresser.

54. Une personne forte.

55. Une petite personne.

- ☐ *Vue*
- ☐ *Odorat*
- ☐ *Toucher*
- ☐ *Couleur*
- ☐ *Tonalité*
- ☐ *Mouvement extérieur*
- ☐ *Émotion*
- ☐ *Volume sonore*
- ☐ *Position du corps*
- ☐ *Son*
- ☐ *Poids*
- ☐ *Mouvement personnel*

Pouvez-vous vous rappeler un incident où vous sentiez (touchiez) :

56. De l'eau que vous appréciiez.

57. Une douche.

58. Une personne âgée.

59. Quelque chose de chaud.

- ☐ *Vue*
- ☐ *Odorat*
- ☐ *Toucher*
- ☐ *Couleur*
- ☐ *Tonalité*
- ☐ *Mouvement extérieur*
- ☐ *Émotion*
- ☐ *Volume sonore*
- ☐ *Position du corps*
- ☐ *Son*
- ☐ *Poids*
- ☐ *Mouvement personnel*

60. Quelque chose de froid.

61. Du vent.

62. Une personne qui avait sommeil.

63. Un lit frais lors d'une nuit chaude.

64. Quelque chose qui vous rendait enthousiaste.

65. Quelque chose que vous touchiez ce matin.

66. Quelque chose que vous êtes en train de toucher.

L'ÉMOTION PERSONNELLE

Les *émotions* sont nombreuses. En voici les principales : *bonheur, ennui, antagonisme, colère, hostilité cachée, peur, chagrin* et *apathie*. Les autres émotions sont généralement d'une intensité inférieure ou supérieure à celles que je viens d'énumérer. La terreur, par exemple, est une grande peur. La tristesse, un petit chagrin. Le cafard est une apathie de faible intensité. L'amour est un bonheur intense, orienté dans une certaine direction. Ces émotions forment une échelle qu'on appelle, en Dianétique, échelle des tons émotionnels. Le bonheur est l'émotion la plus élevée et l'apathie, l'émotion la plus basse. L'individu possède une émotion chronique qui peut se situer à n'importe quel niveau de l'échelle des tons. Il monte ou descend cette échelle en traversant, dans l'ordre, les diverses émotions énumérées plus haut.

L'émotion régule le système endocrinien. Les perceptions et le système nerveux central ont besoin que certaines sécrétions émotionnelles agissent comme des catalyseurs sur le corps pour lui permettre de faire face aux diverses situations rencontrées dans le milieu. L'émotion est très facile à aberrer. Certains individus pensent qu'il leur faut continuellement être tristes, même quand les circonstances devraient les rendre heureux. D'autres croient qu'il leur faut être heureux, quel que soit leur milieu, alors qu'ils sont misérables. La plupart des gens n'éprouvent pas d'émotion, mais de la *més-émotion,* car ils ne réagissent pas aux situations rencontrées dans leur milieu avec l'émotion la plus rationnelle possible. La société confond irrationalité et émotivité. En fait, une personne totalement rationnelle serait entièrement capable de faire face aux stimuli de son milieu. Être rationnel ne veut pas dire être froid et calculateur. L'individu rationnellement heureux sera capable des meilleurs calculs. S'il ne peut éprouver librement des émotions, il est incapable d'apprécier comme il le devrait les choses agréables de son milieu. L'individu ne peut apprécier ni l'art ni la musique s'il est incapable d'éprouver librement des émotions. Celui qui se croit obligé de manifester du sang-froid pour se sentir rationnel est ce qu'on appelle en Dianétique un cas de « contrôle obsessionnel ».

En l'examinant de près, on constatera qu'il est loin d'être aussi rationnel qu'il pourrait l'être. Les gens incapables de ressentir des émotions en raison de leurs aberrations sont d'ordinaire malades. Les gens bien portants sont aptes à éprouver des émotions.

Une aberration relative aux émotions entraîne un déséquilibre dans le système endocrinien, par exemple, de la thyroïde, du pancréas et d'autres glandes. La Dianétique a prouvé de façon concluante que la fonction régit la structure. L'injection d'hormones à un homme ou une femme sexuellement aberrés est de peu d'utilité, sinon tout à fait inutile. Les aberrations mentales qui rendent ces injections inefficaces n'en sont pas pour autant éliminées. Il suffit alors d'éliminer l'aberration des émotions pour que le système endocrinien se rétablisse, ce qui rend généralement les injections inutiles. Lorsque les réactions émotionnelles de l'individu se bloquent, il peut s'attendre à souffrir de divers ennuis physiques, tels que diabète, ulcère, hypothyroïdie et autres maladies plus ou moins causées par un mauvais fonctionnement du système endocrinien.

Une mésémotion refoulée ou excessive est une des choses les plus néfastes pour l'organisme humain. Une personne frappée d'une telle aberration s'avère incapable de trouver le bonheur et donc de jouir de l'existence. Elle sera en mauvaise santé.

Pouvez-vous vous rappeler un incident où :

- ☐ *Vue*
- ☐ *Odorat*
- ☐ *Toucher*
- ☐ *Couleur*
- ☐ *Tonalité*
- ☐ *Mouvement extérieur*
- ☐ *Émotion*
- ☐ *Volume sonore*
- ☐ *Position du corps*
- ☐ *Son*
- ☐ *Poids*
- ☐ *Mouvement personnel*

1. Quelqu'un était en colère.

2. Quelqu'un voulait quelque chose.

3. Vous désiriez quelque chose.

4. Vous étiez heureux(se).

Pouvez-vous vous rappeler un incident où :

5. Vous étiez content(e).

6. Vous gagniez en étant antagoniste.

7. Vous vous sentiez affectueux(se).

8. Vous admiriez quelque chose.

9. Quelque chose était plaisant.

10. Vous étiez amusé(e).

11. Vous approuviez un objet.

12. Vous étiez surpris(e) par quelque chose d'agréable.

13. Vous vous attaquiez à quelque chose avec succès.

14. Vous attaquiez quelqu'un.

15. Vous étiez attaché(e) à quelque chose.

16. Vous ne pouviez vous empêcher de rougir.

17. Vous vous sentiez téméraire.

- ☐ *Vue*
- ☐ *Odorat*
- ☐ *Toucher*
- ☐ *Couleur*
- ☐ *Tonalité*
- ☐ *Mouvement extérieur*
- ☐ *Émotion*
- ☐ *Volume sonore*
- ☐ *Position du corps*
- ☐ *Son*
- ☐ *Poids*
- ☐ *Mouvement personnel*

Pouvez-vous vous rappeler un incident où :

18. Ça vous était égal.

19. Vous étiez énergique.

20. Vous constatiez que vous n'étiez pas maladroit(e).

21. Vous étiez satisfait(e).

- ☐ *Vue*
- ☐ *Odorat*
- ☐ *Toucher*
- ☐ *Couleur*
- ☐ *Tonalité*
- ☐ *Mouvement extérieur*
- ☐ *Émotion*
- ☐ *Volume sonore*
- ☐ *Position du corps*
- ☐ *Son*
- ☐ *Poids*
- ☐ *Mouvement personnel*

22. Vous éprouviez de l'affection pour quelqu'un.

23. Vous aviez confiance.

24. Vous influenciez quelqu'un.

25. Vous aviez du plaisir à être oisif(ve).

26. Quelqu'un était patient.

27. Vous aimiez la vie.

28. Vous étiez joyeux(se).

29. Vous riiez.

30. Vous étiez amoureux(se).

31. Vous receviez de bonnes nouvelles.

Pouvez-vous vous rappeler un incident où :

32. Vous aimiez la musique.

33. Vous trouviez que quelque chose était joli.

34. Vous étiez rassasié(e).

35. Vous étiez passionné(e).

36. Vous empêchiez quelque chose.

37. Vous produisiez quelque chose.

38. Vous étiez content(e) d'éviter une querelle.

39. Vous étiez content(e) de faire du mal à quelqu'un.

40. Vous vous réjouissiez.

41. Vous vous sentiez très en sécurité.

42. Vous riiez aux éclats.

43. Vous appréciez le silence.

44. Vous deviez aller au lit.

45. Vous trouviez que c'était une belle journée.

- ☐ *Vue*
- ☐ *Odorat*
- ☐ *Toucher*
- ☐ *Couleur*
- ☐ *Tonalité*
- ☐ *Mouvement extérieur*
- ☐ *Émotion*
- ☐ *Volume sonore*
- ☐ *Position du corps*
- ☐ *Son*
- ☐ *Poids*
- ☐ *Mouvement personnel*

Pouvez-vous vous rappeler un incident où :

46. Vous emportiez la lutte.

47. Vous domptiez une personne.

48. Vous veniez à bout de quelque chose.

49. Vous obteniez ce que vous vouliez.

- ☐ *Vue*
- ☐ *Odorat*
- ☐ *Toucher*
- ☐ *Couleur*
- ☐ *Tonalité*
- ☐ *Mouvement extérieur*
- ☐ *Émotion*
- ☐ *Volume sonore*
- ☐ *Position du corps*
- ☐ *Son*
- ☐ *Poids*
- ☐ *Mouvement personnel*

50. Vous surpreniez quelqu'un.

51. Vous apportiez votre contribution.

52. On vous permettait de manipuler quelque chose.

53. Vous étiez content(e) de ne pas devoir éprouver de regrets.

54. Vous constatiez que vous vous étiez inquiété(e) pour rien.

55. Vous découvriez que vos soupçons étaient sans fondement.

56. Finalement, vous vous en débarrassiez.

57. Vous empêchiez quelqu'un d'être terrifié.

Pouvez-vous vous rappeler un incident où :

58. Vous étiez heureux(se).

59. Quelqu'un vous comprenait.

60. Quelqu'un vous écoutait avec respect.

61. Vous vous sentiez énergique.

62. Vous étiez vigoureux(se).

63. Vous saviez que c'était bien fait.

64. Vous ne deviez plus attendre.

65. Vous aimiez regarder.

66. Vous arrêtiez les pleurs de quelqu'un.

67. Vous flâniez à votre gré.

68. Vous vous sentiez libre.

69. Vous aidiez quelqu'un.

70. Vous vous sentiez jeune.

71. Vous gagniez.

- ☐ *Vue*
- ☐ *Odorat*
- ☐ *Toucher*
- ☐ *Couleur*
- ☐ *Tonalité*
- ☐ *Mouvement extérieur*
- ☐ *Émotion*
- ☐ *Volume sonore*
- ☐ *Position du corps*
- ☐ *Son*
- ☐ *Poids*
- ☐ *Mouvement personnel*

Pouvez-vous vous rappeler un incident où :

72. Vous étiez content(e) d'être ensemble.

73. Vous étiez content(e) de partir.

74. Vous aimiez l'émotion.

75. Vous aimiez bouger.

- □ *Vue*
- □ *Odorat*
- □ *Toucher*
- □ *Couleur*
- □ *Tonalité*
- □ *Mouvement extérieur*
- □ *Émotion*
- □ *Volume sonore*
- □ *Position du corps*
- □ *Son*
- □ *Poids*
- □ *Mouvement personnel*

76. Le mouvement vous rendait joyeux(se).

77. Vous aperceviez quelque chose que vous aviez attendu.

78. Vous receviez un cadeau que vous aimiez.

79. Vous découvriez quelque chose.

80. Vous repoussiez quelque chose.

81. Vous attiriez quelque chose à vous.

82. Vous produisiez quelque chose.

83. Vous en étiez fier(ère).

84. Vous leviez quelque chose très haut.

Pouvez-vous vous rappeler un incident où :

85. Vous l'emportiez.

86. Vous maîtrisiez de l'énergie.

87. Vous en faisiez un moment agréable.

88. Vous étiez content(e) d'être avec un ami.

89. Vous faisiez obéir quelque chose.

90. Vous étiez heureux(se) d'offenser.

91. Vous constatiez que vous aviez de la chance.

92. Vous surmontiez l'antagonisme.

93. Vous trouviez amusant de sauter.

94. Vous sortiez du travail.

95. Vous n'aviez plus besoin de rester assis(e) là.

96. Vous vous aperceviez que c'était le dernier jour de l'école.

97. Vous étiez heureux(se) que ce soit vrai.

- ☐ *Vue*
- ☐ *Odorat*
- ☐ *Toucher*
- ☐ *Couleur*
- ☐ *Tonalité*
- ☐ *Mouvement extérieur*
- ☐ *Émotion*
- ☐ *Volume sonore*
- ☐ *Position du corps*
- ☐ *Son*
- ☐ *Poids*
- ☐ *Mouvement personnel*

Pouvez-vous vous rappeler un incident où :

98. Vous vous sentiez vertueux(se).

99. Vous saviez avoir fait preuve de courage.

100. Votre désir était satisfait.

101. Vous réussissiez à tromper.

- ☐ *Vue*
- ☐ *Odorat*
- ☐ *Toucher*
- ☐ *Couleur*
- ☐ *Tonalité*
- ☐ *Mouvement extérieur*
- ☐ *Émotion*
- ☐ *Volume sonore*
- ☐ *Position du corps*
- ☐ *Son*
- ☐ *Poids*
- ☐ *Mouvement personnel*

102. Vous surmontiez votre cafard.

103. Vous étiez content(e) que cela se termine.

104. Vous attendiez avec impatience.

105. Vous les dispersiez.

106. Vous pouviez voir la différence.

107. Un de vos parents était fier de vous.

108. Quelqu'un vous était fidèle.

109. Vous vous échappiez.

110. Vous constatiez que vous aviez caché quelque chose sans raison.

Pouvez-vous vous rappeler un incident où :

111. Vous effrayiez quelqu'un.

112. Vous veniez à bout du conservatisme.

113. Vous vous découvriez un ami.

114. Vous étiez amical(e).

115. Vous faisiez quelque chose d'interdit sans vous faire prendre.

116. Vous mettiez quelqu'un à la porte.

117. Vous guérissiez quelque chose.

118. Vous faisiez l'acquisition d'un animal domestique.

119. C'était un soulagement.

120. Vous constatiez que vous n'étiez pas blessé(e).

121. Vous receviez un appel agréable.

122. Votre revenu augmentait.

123. Vous découvriez que vous aviez de l'influence.

- ☐ *Vue*
- ☐ *Odorat*
- ☐ *Toucher*
- ☐ *Couleur*
- ☐ *Tonalité*
- ☐ *Mouvement extérieur*
- ☐ *Émotion*
- ☐ *Volume sonore*
- ☐ *Position du corps*
- ☐ *Son*
- ☐ *Poids*
- ☐ *Mouvement personnel*

Pouvez-vous vous rappeler un incident où :

124. Vous étiez ambitieux(se).

125. Vous réussissiez.

126. Vous constatiez qu'après tout vous n'en vouliez pas.

127. Vous surmontiez votre pauvreté.

- ☐ *Vue*
- ☐ *Odorat*
- ☐ *Toucher*
- ☐ *Couleur*
- ☐ *Tonalité*
- ☐ *Mouvement extérieur*
- ☐ *Émotion*
- ☐ *Volume sonore*
- ☐ *Position du corps*
- ☐ *Son*
- ☐ *Poids*
- ☐ *Mouvement personnel*

128. Beaucoup étaient fiers de vous.

129. On vous aimait.

130. On se réjouissait pour vous.

131. On vous trouvait remarquable.

132. Vous gardiez un secret.

133. Quelqu'un croyait en vous.

134. Vous compreniez.

135. Vous démontriez votre talent.

136. On vous aimait bien.

137. Quelqu'un était heureux.

Pouvez-vous vous rappeler un incident où :

138. Quelqu'un vous appréciait.

139. Vous pensiez avoir fait un bon travail.

140. Un enfant vous aimait.

141. Un ami avait besoin de vous.

142. On riait de votre blague.

143. Tout le monde était surpris.

144. On vous cherchait.

145. Vous étiez invité(e).

146. Quelqu'un vous faisait constater que vous étiez fort(e).

147. Vous étiez important(e).

148. Vous vous trouviez indispensable.

149. Ça valait le coup.

150. Vous saviez avoir fait plaisir.

- ☐ *Vue*
- ☐ *Odorat*
- ☐ *Toucher*
- ☐ *Couleur*
- ☐ *Tonalité*
- ☐ *Mouvement extérieur*
- ☐ *Émotion*
- ☐ *Volume sonore*
- ☐ *Position du corps*
- ☐ *Son*
- ☐ *Poids*
- ☐ *Mouvement personnel*

Pouvez-vous vous rappeler un incident où :

151. Vous alliez bien.

152. Quelqu'un était enchanté de vous.

153. Vous gagniez la lutte.

154. On vous croyait.

155. Vous sauviez quelqu'un.

156. Vous constatiez que vous n'étiez pas faible.

157. On arrêtait de vous combattre.

158. Quelqu'un prenait peur de vous.

159. Vous faisiez réussir quelqu'un.

160. Vous chassiez l'inquiétude.

161. On vous respectait.

162. Quelqu'un était content que vous soyez là.

163. Vous surmontiez votre chagrin.

164. Vous étiez content(e) qu'on regarde.

- ☐ *Vue*
- ☐ *Odorat*
- ☐ *Toucher*
- ☐ *Couleur*
- ☐ *Tonalité*
- ☐ *Mouvement extérieur*
- ☐ *Émotion*
- ☐ *Volume sonore*
- ☐ *Position du corps*
- ☐ *Son*
- ☐ *Poids*
- ☐ *Mouvement personnel*

Pouvez-vous vous rappeler un incident où :

165. Vous pouviez aller et venir à votre gré.

166. On vous donnait une chaise.

167. Vous étiez récompensé(e).

168. Vous preniez votre propre décision.

169. Vous découvriez que vous aviez raison.

170. Vous aimiez être jeune.

171. Vous criiez de bonheur.

172. Vous receviez ce que vous vouliez.

173. On découvrait que vous étiez précieux(se).

174. Vous procuriez beaucoup de bonheur.

175. Vous étiez content(e) de l'avoir fait.

176. Vous constatiez qu'en fin de compte vous n'étiez pas vaniteux(se).

177. Vous réussissiez à les éviter.

- ☐ *Vue*
- ☐ *Odorat*
- ☐ *Toucher*
- ☐ *Couleur*
- ☐ *Tonalité*
- ☐ *Mouvement extérieur*
- ☐ *Émotion*
- ☐ *Volume sonore*
- ☐ *Position du corps*
- ☐ *Son*
- ☐ *Poids*
- ☐ *Mouvement personnel*

Pouvez-vous vous rappeler un incident où :

178. Vous deveniez important(e).

179. Vous n'étiez plus malheureux(se).

180. Il vous fallait partir.

181. Vous maîtrisiez de l'énergie.

- ☐ *Vue*
- ☐ *Odorat*
- ☐ *Toucher*
- ☐ *Couleur*
- ☐ *Tonalité*
- ☐ *Mouvement extérieur*
- ☐ *Émotion*
- ☐ *Volume sonore*
- ☐ *Position du corps*
- ☐ *Son*
- ☐ *Poids*
- ☐ *Mouvement personnel*

182. Vous le répariez.

183. On découvrait qu'on vous avait soupçonné(e) à tort.

184. Vous compreniez vite.

185. Vous constatiez que vous n'aviez pas besoin d'avoir honte.

186. Vous remportiez la lutte.

187. Vous étiez content(e) d'échanger une poignée de main.

188. Un baiser vous faisait plaisir.

189. Il faisait bon courir.

190. Vous étiez capable de le garder.

Pouvez-vous vous rappeler un incident où :

191. Vous le restauriez.

192. Vous n'aviez pas besoin d'aller au lit.

193. Vous évitiez la catastrophe.

194. Vous trouviez refuge.

195. C'était bien de ne pas avoir à le regretter.

196. Vous étiez fidèle à votre objectif.

197. Vous aviez beaucoup de temps.

198. Vous sortiez.

199. Quelqu'un était content que vous ayez écrit.

200. Votre entourage vous appréciait.

201. Vous grandissiez.

202. Vous pouviez faire tout le bruit que vous vouliez.

203. Vous n'aviez pas à faire quoi que ce soit.

- ☐ *Vue*
- ☐ *Odorat*
- ☐ *Toucher*
- ☐ *Couleur*
- ☐ *Tonalité*
- ☐ *Mouvement extérieur*
- ☐ *Émotion*
- ☐ *Volume sonore*
- ☐ *Position du corps*
- ☐ *Son*
- ☐ *Poids*
- ☐ *Mouvement personnel*

Pouvez-vous vous rappeler un incident où :

204. Vous rendiez service à quelqu'un.

205. C'était une occasion merveilleuse.

206. Vous étiez heureux(se) d'être amoureux(se).

207. Il vous était impossible de perdre.

- ☐ *Vue*
- ☐ *Odorat*
- ☐ *Toucher*
- ☐ *Couleur*
- ☐ *Tonalité*
- ☐ *Mouvement extérieur*
- ☐ *Émotion*
- ☐ *Volume sonore*
- ☐ *Position du corps*
- ☐ *Son*
- ☐ *Poids*
- ☐ *Mouvement personnel*

208. Vous les rendiez enthousiastes.

209. Vous le vendiez.

210. On aimait votre musique.

211. Vous riiez le dernier.

212. Vous constatiez que vous n'étiez pas paresseux(se).

213. On découvrait que vous n'étiez pas ignorant(e).

214. On voulait votre influence.

215. Vous n'étiez pas obligé(e) de vous dépêcher.

216. Vous illuminiez quelque chose de beau.

Pouvez-vous vous rappeler un incident où :

217. Vous faisiez l'impossible.

218. Vous n'aviez pas de soucis d'argent.

219. Vous voyiez entrer quelqu'un que vous aimiez bien.

220. Vous voyiez partir quelqu'un que vous détestiez.

221. Vous vous sentiez en forme.

222. Vos craintes étaient sans fondement.

223. Il n'y avait pas de mal à être surexcité.

224. Vous vous sentiez à la hauteur de tout.

225. C'était une matinée éclatante.

226. La vie était pleine de piquant.

227. On vous laissait en avoir assez.

228. Une boisson était la bienvenue.

229. Vous étiez content(e) de manger.

- ☐ *Vue*
- ☐ *Odorat*
- ☐ *Toucher*
- ☐ *Couleur*
- ☐ *Tonalité*
- ☐ *Mouvement extérieur*
- ☐ *Émotion*
- ☐ *Volume sonore*
- ☐ *Position du corps*
- ☐ *Son*
- ☐ *Poids*
- ☐ *Mouvement personnel*

Pouvez-vous vous rappeler un incident où :

230. C'était si bon de serrer quelqu'un dans ses bras.

231. Vous livriez la marchandise.

232. On dépendait de vous.

233. Personne ne pouvait vous refuser quoi que ce soit.

- ☐ *Vue*
- ☐ *Odorat*
- ☐ *Toucher*
- ☐ *Couleur*
- ☐ *Tonalité*
- ☐ *Mouvement extérieur*
- ☐ *Émotion*
- ☐ *Volume sonore*
- ☐ *Position du corps*
- ☐ *Son*
- ☐ *Poids*
- ☐ *Mouvement personnel*

234. Vous constatiez qu'on ne vous avait pas trompé(e).

235. Vous le méritiez.

236. Vous vous glissiez sous les couvertures.

237. On vous laissait continuer.

238. Vous pouviez être aussi contrariant(e) que vous le vouliez.

239. Le docteur avait tort.

240. Quelqu'un vous faisait la cuisine.

241. Vous aviez une belle maison.

242. Vous trouviez que c'était un joli pays.

Pouvez-vous vous rappeler un incident où :

243. Vous constatiez que vous n'étiez pas obligé(e) de rester là.

244. Vous « montiez en grade ».

245. Vous trouviez quelque chose de valeur.

246. Vous pouviez avoir la compagnie que vous vouliez.

247. Vous découvriez que ce n'était pas si compliqué que ça.

248. On avait confiance en vous.

249. Vous les aidiez à maîtriser quelque chose.

250. Vous pouviez quitter la classe.

251. Vous n'aviez plus besoin d'y aller.

252. Quelqu'un venait à votre appel.

253. Vous preniez plaisir à être dans une nouvelle voiture.

254. Vous parveniez à sortir de la cage.

255. On reconnaissait votre intelligence.

- ☐ *Vue*
- ☐ *Odorat*
- ☐ *Toucher*
- ☐ *Couleur*
- ☐ *Tonalité*
- ☐ *Mouvement extérieur*
- ☐ *Émotion*
- ☐ *Volume sonore*
- ☐ *Position du corps*
- ☐ *Son*
- ☐ *Poids*
- ☐ *Mouvement personnel*

Pouvez-vous vous rappeler un incident où :

256. Vous constatiez que vos mains étaient habiles.

257. Vous découvriez que vous pouviez courir plus vite.

258. Vous constatiez que vous n'aviez pas besoin de vous en préoccuper.

- ☐ *Vue*
- ☐ *Odorat*
- ☐ *Toucher*
- ☐ *Couleur*
- ☐ *Tonalité*
- ☐ *Mouvement extérieur*
- ☐ *Émotion*
- ☐ *Volume sonore*
- ☐ *Position du corps*
- ☐ *Son*
- ☐ *Poids*
- ☐ *Mouvement personnel*

259. Vous constatiez qu'après tout, ça n'avait pas été en vain.

260. Vous récoltiez les fruits d'avoir espéré.

261. Vous aviez le droit de penser par vous-même.

262. Vous constatiez que vous n'aviez pas de raisons d'être déçu(e).

263. Vous découvriez à quel point vous étiez persistant(e).

264. Vous saviez que vous pouviez assumer une responsabilité.

265. Le monde vous appartenait.

266. Vous étiez enchanté(e).

267. Vous vous sentiez bien ce matin.

LA SENSATION ORGANIQUE

La *sensation organique* est le sens qui informe le système nerveux central de l'état des divers organes du corps. Ne vous inquiétez pas si vous vous sentez groggy pendant un moment ou si vous bâillez à vous en décrocher la mâchoire. Ces manifestations sont bon signe et disparaîtront lorsque vous vous rappellerez un certain nombre d'autres incidents avec la question même qui vous a amené à vous sentir bizarre.

Pouvez-vous vous rappeler un moment où :

1. **Vous vous sentiez en bonne condition physique.**

2. **Vous vous trouviez bien physiquement.**

3. **Vous veniez de manger quelque chose que vous aimiez.**

4. **Votre tête allait bien.**

5. **Votre dos allait bien.**

6. **Vous vous sentiez très soulagé(e).**

7. **Vous étiez enthousiaste.**

8. **Vous vous sentiez plein(e) de vie.**

9. **Vous étiez fier(ère) de votre corps.**

Pouvez-vous vous rappeler un moment où :

10. Votre corps était adroit.

11. Votre cœur battait calmement.

12. Vous n'aviez pas le moindre mal ni la moindre douleur.

13. Vous vous sentiez rafraîchi(e).

- ☐ *Vue*
- ☐ *Odorat*
- ☐ *Toucher*
- ☐ *Couleur*
- ☐ *Tonalité*
- ☐ *Mouvement extérieur*
- ☐ *Émotion*
- ☐ *Volume sonore*
- ☐ *Position du corps*
- ☐ *Son*
- ☐ *Poids*
- ☐ *Mouvement personnel*

14. Tout le monde s'amusait.

15. Vous y preniez tous deux plaisir.

16. Vous sentiez que votre dos était solide.

17. Vous vous teniez très droit(e).

18. Vous aimiez votre position.

19. Vous adoptiez une nouvelle position.

20. Vous aviez besoin d'un verre d'eau fraîche et vous l'obteniez.

21. Vous vous sentiez la tête dégagée.

22. Il faisait bon respirer l'air frais.

Pouvez-vous vous rappeler un moment où :

23. Vous l'aviez soulevé.

24. Vous l'aviez fait sortir.

25. Vous vous sentiez à nouveau fort(e).

26. Vous aviez mangé un bon dîner.

27. Vous y preniez plaisir.

28. Vous le faisiez avec facilité.

29. Vous versiez quelque chose.

30. Vous étiez tendu(e) par la surexcitation.

31. Vous étiez décontracté(e).

32. Votre poitrine vous procurait une sensation de santé.

33. Votre gorge vous procurait une sensation de santé.

34. Vos yeux vous procuraient une sensation de santé.

35. Vous n'étiez pas conscient de votre respiration.

- ☐ *Vue*
- ☐ *Odorat*
- ☐ *Toucher*
- ☐ *Couleur*
- ☐ *Tonalité*
- ☐ *Mouvement extérieur*
- ☐ *Émotion*
- ☐ *Volume sonore*
- ☐ *Position du corps*
- ☐ *Son*
- ☐ *Poids*
- ☐ *Mouvement personnel*

Pouvez-vous vous rappeler un moment où :

36. Vos oreilles ne bourdonnaient pas.

- ☐ *Vue*
- ☐ *Odorat*
- ☐ *Toucher*
- ☐ *Couleur*
- ☐ *Tonalité*
- ☐ *Mouvement extérieur*
- ☐ *Émotion*
- ☐ *Volume sonore*
- ☐ *Position du corps*
- ☐ *Son*
- ☐ *Poids*
- ☐ *Mouvement personnel*

37. Vos mains faisaient quelque chose d'habile.

38. Vos jambes vous servaient bien.

39. Vos pieds vous procuraient une sensation de santé.

40. Vous saviez que vous aviez bonne mine.

LE MOUVEMENT PERSONNEL

Le *mouvement personnel* fait partie des perceptions. C'est le fait d'être conscient d'un changement de position dans l'espace. Bon nombre d'autres perceptions accompagnent cette conscience du mouvement personnel, par exemple la vue, la sensation du vent, les variations dans le poids du corps, l'observation du milieu environnant. C'est cependant un perceptique en soi. Les questions suivantes attirent votre attention sur la conscience interne de vos mouvements personnels.

Pouvez-vous vous rappeler un moment où :

1. Vous couriez.

2. Vous marchiez.

3. Vous preniez plaisir à une promenade.

4. Vous veniez à bout de quelque chose.

5. Vous jetiez quelque chose dont vous ne vouliez pas.

6. Vous gagniez au tir à la corde.

7. Vous sautiez à la corde.

8. Vous faisiez du cheval.

9. Vous remportiez un succès sportif.

- ☐ *Vue*
- ☐ *Odorat*
- ☐ *Toucher*
- ☐ *Couleur*
- ☐ *Tonalité*
- ☐ *Mouvement extérieur*
- ☐ *Émotion*
- ☐ *Volume sonore*
- ☐ *Position du corps*
- ☐ *Son*
- ☐ *Poids*
- ☐ *Mouvement personnel*

Pouvez-vous vous rappeler un moment où :

10. Vous étiez couché(e).

11. Vous vous leviez.

12. Vous ne cessiez de tourner.

13. Vous sautiez.

- ☐ *Vue*
- ☐ *Odorat*
- ☐ *Toucher*
- ☐ *Couleur*
- ☐ *Tonalité*
- ☐ *Mouvement extérieur*
- ☐ *Émotion*
- ☐ *Volume sonore*
- ☐ *Position du corps*
- ☐ *Son*
- ☐ *Poids*
- ☐ *Mouvement personnel*

14. Vous étiez debout sur quelque chose qui bougeait.

15. Vous sautiez en l'air.

16. Vous gagniez une course.

17. Vous accomplissiez quelque chose pour lequel on vous admirait physiquement.

18. Vous preniez plaisir à bouger.

19. Vous preniez plaisir à ne pas bouger.

20. Vous montriez quelque chose du doigt.

21. Vous vous montriez physiquement supérieur(e).

22. Votre main droite se montrait adroite.

Pouvez-vous vous rappeler un moment où :

23. Votre main gauche se montrait adroite.

24. Vous apprivoisiez un animal.

25. Vous l'emportiez sur quelqu'un d'autre.

26. Vous accomplissiez quelque chose de physique avec plaisir.

27. Vous montiez.

28. Vous serriez quelque chose contre vous.

29. Vous jetiez quelque chose dont vous ne vouliez pas.

30. Vous vous sentiez paresseux(se).

31. Vous tourniez la page d'un livre que vous preniez plaisir à lire.

32. Vous vous habilliez.

33. Vous vous leviez quand vous le vouliez.

34. Vous aimiez lutter contre quelqu'un.

- ☐ *Vue*
- ☐ *Odorat*
- ☐ *Toucher*
- ☐ *Couleur*
- ☐ *Tonalité*
- ☐ *Mouvement extérieur*
- ☐ *Émotion*
- ☐ *Volume sonore*
- ☐ *Position du corps*
- ☐ *Son*
- ☐ *Poids*
- ☐ *Mouvement personnel*

Pouvez-vous vous rappeler un moment où :

35. Vous réussissiez à manipuler un objet compliqué.

36. Vous conduisiez bien.

37. Vous portiez un poids.

38. Vous rassembliez des choses.

- ☐ *Vue*
- ☐ *Odorat*
- ☐ *Toucher*
- ☐ *Couleur*
- ☐ *Tonalité*
- ☐ *Mouvement extérieur*
- ☐ *Émotion*
- ☐ *Volume sonore*
- ☐ *Position du corps*
- ☐ *Son*
- ☐ *Poids*
- ☐ *Mouvement personnel*

39. Vous faisiez votre valise.

40. Vous ne vouliez pas lâcher quelque chose.

41. Vous appréciiez le matin.

42. Vous dansiez bien.

43. Vous amusiez des gens parce que vous le vouliez.

44. Vous refusiez de faire ce qu'on attendait de vous et faisiez ce dont vous aviez envie.

45. Vous étiez content(e) d'être vous-même.

46. On vous complimentait pour votre posture.

Pouvez-vous vous rappeler un moment où :

47. Vous serriez la main de quelqu'un que vous étiez content(e) de voir.

48. Vous saisissiez quelque chose que vous désiriez.

49. Vous vous peigniez.

50. Vous preniez ce livre.

51. Vous vous êtes assis(e), il y a peu de temps.

- ☐ *Vue*
- ☐ *Odorat*
- ☐ *Toucher*
- ☐ *Couleur*
- ☐ *Tonalité*
- ☐ *Mouvement extérieur*
- ☐ *Émotion*
- ☐ *Volume sonore*
- ☐ *Position du corps*
- ☐ *Son*
- ☐ *Poids*
- ☐ *Mouvement personnel*

LE MOUVEMENT EXTÉRIEUR

De nombreux canaux sensoriels permettent d'observer le *mouvement extérieur*. La faculté de percevoir le mouvement durant le moment présent et celle de se rappeler des choses qui ont bougé sont deux choses différentes. Ne pas bien percevoir divers mouvements dans son milieu est dangereux. Cela vient du fait que l'on se méprend sur les mouvements perçus, les croyant dangereux, alors que, d'ordinaire, ils ne le sont pas. Pour chaque mouvement dangereux dans le milieu, il existe des milliers et des milliers de mouvements amicaux et inoffensifs. Ce n'est pas parce qu'un mouvement a été dangereux dans le passé qu'il faut croire que tous les mouvements le sont. Une des actions les plus aberrantes, au-dessus du niveau de l'inconscience, est probablement de frapper brusquement une personne alors qu'elle ne s'y attend pas. Gifler un enfant, surtout lorsqu'il ne sait pas qu'il va être giflé, l'amène à se méfier de tout mouvement. Même lorsqu'il aura atteint un âge où une gifle serait la dernière chose à laquelle il s'attendrait, il continuera à se méfier du mouvement. Lorsque vous vous rappelez des mouvements extérieurs que vous avez vus, efforcez-vous de voir les véritables mouvements qui se déroulaient autour de vous.

Pouvez-vous vous rappeler un moment où :

- ☐ *Vue*
- ☐ *Odorat*
- ☐ *Toucher*
- ☐ *Couleur*
- ☐ *Tonalité*
- ☐ *Mouvement extérieur*
- ☐ *Émotion*
- ☐ *Volume sonore*
- ☐ *Position du corps*
- ☐ *Son*
- ☐ *Poids*
- ☐ *Mouvement personnel*

1. Quelque chose d'agréable allait très vite.

2. Vous voyiez quelqu'un que vous n'aimiez pas vous fuir.

3. Vous preniez plaisir à voir tomber la pluie.

4. Vous preniez plaisir à voir des enfants jouer.

Pouvez-vous vous rappeler un moment où :

5. Les arbres bruissaient sous le vent d'été.

6. Un ruisseau paisible coulait.

7. Vous jouiez à la balle.

8. Vous voyiez un cerf-volant voler.

9. Vous étiez ivre de joie en descendant la colline.

10. Vous voyiez un oiseau voler gracieusement.

11. Vous remarquiez que la lune avait changé de position.

12. Vous faisiez fuir un animal.

13. Vous voyiez un danseur gracieux.

14. Vous voyiez un musicien accompli.

15. Vous voyiez un excellent acteur.

16. Vous regardiez une fille gracieuse.

17. Vous observiez un enfant heureux.

- ☐ *Vue*
- ☐ *Odorat*
- ☐ *Toucher*
- ☐ *Couleur*
- ☐ *Tonalité*
- ☐ *Mouvement extérieur*
- ☐ *Émotion*
- ☐ *Volume sonore*
- ☐ *Position du corps*
- ☐ *Son*
- ☐ *Poids*
- ☐ *Mouvement personnel*

Pouvez-vous vous rappeler un moment où :

18. Vous mettiez un objet en marche.

19. Vous arrêtiez un objet.

20. Vous cassiez quelque chose que vous n'aimiez pas.

21. Vous regardiez un homme gracieux.

- ☐ *Vue*
- ☐ *Odorat*
- ☐ *Toucher*
- ☐ *Couleur*
- ☐ *Tonalité*
- ☐ *Mouvement extérieur*
- ☐ *Émotion*
- ☐ *Volume sonore*
- ☐ *Position du corps*
- ☐ *Son*
- ☐ *Poids*
- ☐ *Mouvement personnel*

22. Vous preniez plaisir à regarder un animal féroce.

23. Vous étiez content(e) de voir quelque chose tomber.

24. Vous regardiez quelque chose qui tournait sans cesse.

25. Vous preniez plaisir à faire rebondir quelque chose.

26. Vous étiez content(e) de voir quelque chose monter dans les airs.

27. Vous observiez un cheval rapide.

28. Vous entendiez quelque chose de rapide.

29. Vous voyiez une étoile filante.

Pouvez-vous vous rappeler un moment où :

30. Vous voyiez l'herbe bouger sous l'effet du vent.

31. Vous regardiez l'aiguille des secondes d'une horloge.

32. Vous voyiez quelqu'un que vous n'aimiez pas s'éloigner de vous.

33. Vous voyiez quelqu'un que vous aimiez bien venir à votre rencontre.

34. Quelqu'un accourait et vous accueillait.

35. Vous voyiez un animal en poursuivre un autre.

36. Vous déplaciez un objet.

37. Vous souleviez un objet.

38. Vous jetiez un objet à terre.

39. Vous contempliez un feu amical.

40. Vous voyiez une lumière avancer.

41. Vous voyiez quelque chose entrer dans quelque chose.

- ☐ *Vue*
- ☐ *Odorat*
- ☐ *Toucher*
- ☐ *Couleur*
- ☐ *Tonalité*
- ☐ *Mouvement extérieur*
- ☐ *Émotion*
- ☐ *Volume sonore*
- ☐ *Position du corps*
- ☐ *Son*
- ☐ *Poids*
- ☐ *Mouvement personnel*

Pouvez-vous vous rappeler un moment où :

- ☐ *Vue*
- ☐ *Odorat*
- ☐ *Toucher*
- ☐ *Couleur*
- ☐ *Tonalité*
- ☐ *Mouvement extérieur*
- ☐ *Émotion*
- ☐ *Volume sonore*
- ☐ *Position du corps*
- ☐ *Son*
- ☐ *Poids*
- ☐ *Mouvement personnel*

42. Vous vidiez quelque chose.

43. Vous retiriez quelque chose.

44. Vous entendiez un geste amical.

45. Vous détruisiez quelque chose dont vous ne vouliez pas.

46. Vous tourniez la page de ce livre.

LA POSITION DU CORPS

Certaines perceptions particulières nous permettent d'être conscients de la position de notre corps. Elles comprennent la position des articulations. Avec les questions suivantes, portez tout particulièrement votre attention sur la *position de votre corps* lors de l'incident que vous êtes en train de vous rappeler.

Pouvez-vous vous rappeler un moment où :

1. **Vous preniez plaisir à rester assis(e).**

2. **Vous vous frayiez un chemin pour sortir d'un endroit où vous ne vouliez pas être.**

3. **Vous étiez debout et admiriez une vue.**

4. **Vous vous mettiez le gros orteil dans la bouche.**

5. **Vous essayiez de vous tenir sur la tête.**

6. **Vous essayiez de voir si vous pouviez être contorsionniste.**

7. **Vous buviez quelque chose d'agréable.**

8. **Vous mangiez un plat délicieux.**

9. **Vous conduisiez une bonne voiture.**

10. **Vous faisiez quelque chose que vous aimiez.**

Pouvez-vous vous rappeler un moment où :

11. Vous preniez plaisir à manipuler quelque chose.

12. Vous pratiquiez un sport avec compétence.

13. On vous admirait.

14. Vous étiez heureux(se).

- □ *Vue*
- □ *Odorat*
- □ *Toucher*
- □ *Couleur*
- □ *Tonalité*
- □ *Mouvement extérieur*
- □ *Émotion*
- □ *Volume sonore*
- □ *Position du corps*
- □ *Son*
- □ *Poids*
- □ *Mouvement personnel*

15. Vous appréciiez une occasion de vous asseoir.

16. Vous vous leviez avec enthousiasme pour aller quelque part.

17. Vous vous débarrassiez de quelque chose.

18. Vous observiez l'entraînement d'un enfant.

19. Vous vouliez rester et vous restiez.

20. Vous vouliez partir et vous partiez.

LISTE 4

VOUS ET L'UNIVERS PHYSIQUE

On peut considérer que l'une des missions de l'énergie de la vie est de créer, conserver, maintenir, acquérir, détruire, changer, occuper, regrouper et disperser matière, énergie, espace et temps, les composantes de l'univers matériel.

Tant que l'individu continue de croire en son aptitude à être cause par rapport à l'univers physique et aux organismes avec lesquels il est en contact — à les commander si nécessaire ou à travailler en harmonie avec eux, et finalement, à se donner les moyens de dominer l'univers physique et d'y vivre — il reste stable, équilibré, heureux et en bonne santé. Ce n'est que lorsqu'il découvre son incapacité à vivre en harmonie avec les organismes, la matière, l'énergie, l'espace et le temps, et que ces derniers l'ont fait souffrir considérablement, qu'il commence à se dégrader physiquement et mentalement et à échouer dans la vie. Les questions de cette liste ont pour but de lui faire recouvrer sa faculté de vivre en harmonie avec les organismes et l'univers physique.

Avant l'apparition de la Dianétique, on commettait l'erreur de croire que l'individu restait en bonne santé tant qu'il s'adaptait à son milieu. Rien n'est plus traître que ce postulat « d'adaptation ». Si quelqu'un s'était donné la peine de le comparer à la réalité, il aurait constaté que le succès de l'Homme repose sur son aptitude à maîtriser et modifier son milieu. C'est en adaptant le milieu à *lui-même* que l'Homme réussit, non en s'adaptant à celui-ci.

Ce postulat « d'adaptation » est en fait vicieux et dangereux, car il cherche à faire croire à l'individu qu'il doit être l'esclave de son milieu. Une telle philosophie est dangereuse parce qu'elle permet de transformer les gens à qui on l'a inculquée en esclaves d'un État providence, le pire de tous les cimetières.

Cependant, ce postulat est très pratique dans le cas où l'on désire subjuguer ou anéantir des êtres humains à des fins personnelles. Si les prisons et les asiles de notre société sont pleins à craquer, c'est parce qu'on a cherché à adapter l'Homme à son milieu, en lui fournissant une « éducation sociale », en le punissant s'il se conduit mal et en tentant, par d'autres moyens, de le soumettre et de le briser. Si quelqu'un s'était donné la peine de regarder l'univers tel qu'il est, il aurait découvert la vérité suivante : *il est impossible à un organisme qu'on a forcé à s'adapter de rester capable et sociable.* Tout éleveur de chevaux, par exemple, sait qu'on ne doit pas soumettre un cheval par la contrainte ou la force si l'on désire conserver ses qualités. Dans l'armée, on avait l'habitude de dire que les mules coûtaient plus cher que les hommes, ce qui explique peut-être pourquoi, avant l'apparition de la Dianétique, on voyait peu d'intérêt à maintenir l'Homme en bon état. Cependant, ne soyons pas trop durs avec les anciennes écoles de pensée car elles ne connaissaient pas les lois naturelles de la pensée. En l'absence de ces dernières, on ne peut que punir les criminels au lieu de les guérir et réduire les fous à la docilité absolue. Selon ces écoles, plus l'individu était proche de la mort, mieux c'était. La preuve nous en est donnée avec la « thérapie » de l'électrochoc et la chirurgie du cerveau, qui constituent, de la part des médecins du mental, une tentative d'approcher au maximum l'euthanasie, sans pour autant franchir les frontières de la légalité. Ces écoles du passé se trouvent maintenant sous l'aile de la Dianétique (laquelle embrasse tous les domaines de la pensée) pour être rééduquées. On constate qu'elles abandonnent rapidement les « thérapies » de stimulation par la punition dès qu'elles en ont parfaitement compris l'inutilité, maintenant qu'on connaît les lois naturelles de la pensée et du comportement.

On ne peut, cependant, s'empêcher de réprimer un frisson devant le destin des centaines de milliers de cobayes dont la vie a été détruite par les méthodes euthanasiques utilisées durant l'âge noir de la déraison.

Votre santé dépend presque entièrement d'une confiance en votre aptitude à maîtriser l'univers physique environnant et à changer et adapter votre milieu de façon à pouvoir y survivre. Que vous soyez incapable de maîtriser avec compétence votre milieu n'est en fait qu'une illusion implantée dans le passé par des gens aberrés, pendant des moments où vous étiez inconscient et incapable de vous défendre, ou quand vous étiez petit et qu'on vous contrôlait, vous induisait en erreur, vous faisait souffrir, vous plongeait dans le chagrin et le désarroi, sans que vous puissiez user de votre droit à vous débrouiller seul dans votre milieu.

Les indigènes du lac Tanganyika ont une façon intéressante d'attraper le poisson. Dans cette région équatoriale, le soleil perce les eaux claires à la verticale. Les indigènes prennent de grands morceaux de bois et les attachent le long d'une grande corde. Ils tendent cette corde entre deux pirogues et commencent, côte à côte, à pagayer vers des eaux peu profondes. Lorsqu'ils les ont atteintes, des bancs de poissons sont amoncelés dans les rochers et sur la plage. Les morceaux de bois attachés le long de la corde ont formé des ombres qui se sont projetées jusqu'au fond du lac. Les poissons, voyant ces ombres s'approcher et les prenant pour des barres solides, se sont enfuis vers le rivage, apeurés, et ont pu ainsi être attrapés.

Les gens aberrés peuvent mener, harceler et tourmenter quelqu'un à un point tel que lui aussi va confondre ombres et réalités. Il lui suffirait de tendre la main pour constater combien ces ombres sont minces et pénétrables. Pourtant, il va habituellement s'en écarter et se retrouver accablé par une mauvaise santé et des rêves brisés, se désavouant totalement et reniant l'univers physique.

En raison de l'aspect mécanique important sur lequel se fondent l'action et les particularités de l'énergie de la pensée, ces listes permettent d'améliorer sensiblement votre état d'être, à condition que vous les utilisiez correctement. Mais par-delà cet aspect purement mécanique, le simple fait de prendre conscience qu'il a existé, dans votre vie, des moments où vous maîtrisiez l'univers physique selon vos besoins, où vous étiez en harmonie avec les organismes qui vous entouraient, vous permet de constater la réalité de vos aptitudes.

Comme, au cours de son enfance, l'Homme a été pris au piège de l'illusion des mots et forcé à obéir par la force, il est victime de sa pire ombre illusoire : le *langage*. Les mots « viens ici ! » prononcés avec force n'ont pas en eux-mêmes le pouvoir physique d'amener l'individu à s'approcher de celui qui a donné cet ordre. Pourtant, il risque d'obéir bien qu'ayant peur de le faire. Il se trouve obligé d'approcher parce qu'on l'a fait si souvent « venir ici » par la force physique au cours de son enfance, en prononçant ces deux mots, qu'il est maintenant dressé à la façon d'un chien qui obéit à un signal. Il a perdu de vue la force physique qui l'obligeait, à l'époque, à s'approcher et la confond avec son « ombre », les mots « viens ici ». C'est ainsi qu'il perd toute autodétermination quant à l'action de « venir ici ».

À mesure que son existence s'écoule, il commet la grande erreur de supposer que tout mot, quel qu'il soit, revêt force et importance. C'est au moyen des mots que ceux qui l'entourent l'enferment dans leurs cages d'ombre. Ils l'empêchent de faire ceci, ils l'obligent à faire cela. Presque continuellement, il se fait commander par des flots de paroles qui, dans notre société, ne sont pas destinées à l'aider, mais à lui faire obstacle en exploitant sa peur des autres. Ce torrent de mots n'est efficace que parce qu'il se substitue aux périodes où l'individu a, contre son gré et par la force physique, été obligé d'accepter des choses dont il ne voulait pas, de s'occuper de choses qu'il n'aimait pas ou qui n'étaient pour lui d'aucune utilité, d'aller là où il ne désirait pas aller, de faire ce dont il n'avait pas envie.

Le langage vaut dans la mesure où on le considère comme le *symbole* d'une action ou d'une chose. Mais le mot « cendrier » ne remplace pas un cendrier. Si vous ne le croyez pas, essayez de mettre vos cendres dans les ondes sonores qui viennent de porter le mot « cendrier ». Vous pourriez appeler l'objet destiné à contenir des cendres « soucoupe » ou « éléphant », il conserverait tout de même sa fonction.

Alors, en se servant de ce tour de passe-passe sans substance aucune qu'est le langage, l'Homme cherche à diriger la vie de ses semblables à son avantage. Ces derniers, pris au piège dans cette cage d'ombre, restent là à l'observer et à la croire réelle pour leur malheur.

Toutes les langues tirent leur origine de l'observation de la matière, de l'énergie, de l'espace, du temps et des organismes environnants. Il n'existe pas de mot qui ne soit issu de l'univers physique et des autres organismes ou qui n'ait pas une connotation qui l'y rattache.

Ainsi, lorsque vous répondez aux questions suivantes – en vous rappelant les incidents qu'elles évoquent – ne vous concentrez pas sur le langage mais sur l'action.

Vous ne cherchez *pas* le moment où l'on vous *disait* de faire quelque chose, mais celui où vous accomplissiez *l'action*. Vous n'avez nul besoin d'associer le langage à l'action. Vous constaterez, à mesure que vous répondrez aux questions de n'importe laquelle de ces listes, que le langage perdra considérablement de son emprise et que, chose étrange, il vous deviendra bien plus utile.

Pouvez-vous vous rappeler un moment où :

1. Vous déplaciez un objet.

2. Un objet vous déplaçait.

3. Vous lanciez un organisme en l'air.

4. Vous descendiez l'escalier.

5. Vous obteniez quelque chose que vous vouliez.

- ☐ *Vue*
- ☐ *Odorat*
- ☐ *Toucher*
- ☐ *Couleur*
- ☐ *Tonalité*
- ☐ *Mouvement extérieur*
- ☐ *Émotion*
- ☐ *Volume sonore*
- ☐ *Position du corps*
- ☐ *Son*
- ☐ *Poids*
- ☐ *Mouvement personnel*

6. Vous créiez quelque chose de bien.

7. Vous vous sentiez grand(e) dans un certain espace.

8. Vous étiez fier(ère) de déplacer quelque chose de lourd.

9. Vous maîtrisiez bien l'énergie.

10. Vous faisiez un feu.

11. Vous perdiez quelque chose dont vous ne vouliez pas.

12. Vous imposiez quelque chose à quelqu'un.

13. Vous favorisiez la survie.

Pouvez-vous vous rappeler un moment où :

14. Vous passiez votre temps agréablement.

15. Vous fermiez un espace.

16. Vous étiez maître(sse) de votre temps.

17. Vous ouvriez un espace.

18. Vous faisiez bien marcher une machine.

19. Vous arrêtiez une machine.

20. Vous leviez un objet.

21. Vous vous baissiez.

22. Vous détruisiez quelque chose dont vous ne vouliez pas.

23. Vous changiez quelque chose en mieux.

24. Un organisme que vous n'aimiez pas s'écartait de vous.

25. Vous obteniez quelque chose que vous vouliez.

26. Vous subveniez aux besoins d'une personne.

- ☐ *Vue*
- ☐ *Odorat*
- ☐ *Toucher*
- ☐ *Couleur*
- ☐ *Tonalité*
- ☐ *Mouvement extérieur*
- ☐ *Émotion*
- ☐ *Volume sonore*
- ☐ *Position du corps*
- ☐ *Son*
- ☐ *Poids*
- ☐ *Mouvement personnel*

Pouvez-vous vous rappeler un moment où :

27. Vous attiriez quelqu'un que vous aimiez près de vous.

28. Vous quittiez un espace que vous n'aimiez pas.

29. Vous maîtrisiez de l'énergie.

30. Vous détruisiez un mauvais organisme.

- ☐ *Vue*
- ☐ *Odorat*
- ☐ *Toucher*
- ☐ *Couleur*
- ☐ *Tonalité*
- ☐ *Mouvement extérieur*
- ☐ *Émotion*
- ☐ *Volume sonore*
- ☐ *Position du corps*
- ☐ *Son*
- ☐ *Poids*
- ☐ *Mouvement personnel*

31. Vous vous débrouilliez bien avec un liquide.

32. Vous rassembliez un certain nombre d'objets agréables.

33. Vous placiez un certain nombre d'objets dans un espace.

34. Vous jetiez des objets dont vous ne vouliez pas.

35. Vous dispersiez de nombreux objets.

36. Vous mettiez en pièces un objet dont vous ne vouliez pas.

37. Vous remplissiez un espace.

38. Vous agenciez l'emploi du temps d'un autre.

Pouvez-vous vous rappeler un moment où :

39. Vous mainteniez à proximité un objet que vous désiriez.

40. Vous amélioriez un objet.

41. Vous vidiez un espace que vous désiriez.

42. Vous parcouriez une distance.

43. Vous laissiez passer le temps.

44. Vous faisiez ce que vous-même aviez envie de faire.

45. Vous l'emportiez sur un organisme.

46. Vous échappiez à la domination.

47. Vous constatiez que vous viviez votre propre vie.

48. Vous saviez que vous n'aviez pas à le faire.

49. Vous vous échappiez d'un espace dangereux.

50. Vous entamiez un moment agréable.

- ☐ *Vue*
- ☐ *Odorat*
- ☐ *Toucher*
- ☐ *Couleur*
- ☐ *Tonalité*
- ☐ *Mouvement extérieur*
- ☐ *Émotion*
- ☐ *Volume sonore*
- ☐ *Position du corps*
- ☐ *Son*
- ☐ *Poids*
- ☐ *Mouvement personnel*

LISTE 5

PROCÉDÉS D'ASSISTANCE POUR AMÉLIORER LA MÉMOIRE

Le fait de « se rappeler » est, bien sûr, directement lié à des actions qui se sont produites dans l'univers physique. Comment un sourd-muet apprendrait-il à un enfant à se rappeler ? Il lui serait nécessaire d'imposer sans cesse des actions ou des objets à l'enfant dès que ce dernier les négligerait ou les abandonnerait. Les parents, en règle générale, ne sont pas sourds-muets, mais les enfants ne comprennent pas les mots qu'ils entendent quand ils sont très jeunes et en conséquence apprennent à se « rappeler » en portant leur attention sur les actions, les objets, les espaces et le temps. Quand on impose des choses à quelqu'un sans son accord, cela nuit à son autodétermination et à son aptitude à se prendre en main ; cela pourrait également expliquer en partie pourquoi certaines personnes se plaignent ou se vantent de posséder une « mauvaise mémoire ».

Du fait que l'individu apprend la langue par l'intermédiaire de l'univers physique et des actions qui s'y produisent, il agit pour ainsi dire envers ses pensées comme on l'a forcé à agir envers la matière, l'énergie, l'espace et le temps de son milieu. Donc, si des objets lui ont été imposés alors qu'il n'en voulait pas, il va, au bout d'un certain temps, rejeter les pensées relatives à ces objets.

Si ces objets, ces espaces, ces temps et ces actions lui sont imposés régulièrement, il va à la longue ressentir de l'apathie à leur égard. Il n'en voudra pas vraiment mais se croira obligé de les accepter. Plus tard, à l'école, toute son existence semblera dépendre de son aptitude à se rappeler « la connaissance » qu'on lui impose.

Alors, l'action de se souvenir, sur le plan de l'univers physique, n'est rien d'autre que l'action de conserver la matière, l'énergie, l'espace et le temps. Pour améliorer la mémoire, il suffit donc de rendre à l'individu son libre arbitre à l'égard de l'univers matériel.

Lorsque vous répondrez à ces questions, portez tout particulièrement votre attention sur les incidents heureux. De nombreux incidents malheureux vont inévitablement défiler. Malgré cela, concentrez-vous sur des incidents heureux ou analytiques, si possible. Le propre de cette liste n'est pas de vous demander de vous rappeler des moments où vous étiez en train de vous rappeler quelque chose. Elle traite de l'acquisition de choses que vous désiriez acquérir.

Pouvez-vous vous rappeler un moment où :

1. **Vous obteniez quelque chose que vous vouliez.**

2. **Vous jetiez quelque chose dont vous ne vouliez pas.**

3. **Vous abandonniez quelque chose que vous saviez être censé(e) posséder.**

4. **Vous employiez le temps qu'on vous avait accordé pour faire quelque chose, à faire autre chose.**

5. **Vous pénétriez dans un espace que vous n'étiez pas censé(e) occuper.**

6. **Vous quittiez l'endroit où vous étiez censé(e) vous trouver.**

7. **Vous étiez content(e) d'avoir acquis quelque chose que vous ne pouviez vous offrir.**

8. **Vous vous opposiez joyeusement à des ordres qu'on vous avait donnés.**

9. **On vous envoyait quelque part mais vous décidiez d'aller ailleurs.**

10. **Vous choisissiez vous-même vos vêtements.**

11. **Vous portiez quelque chose malgré ce que pouvaient penser les gens.**

- ☐ *Vue*
- ☐ *Odorat*
- ☐ *Toucher*
- ☐ *Couleur*
- ☐ *Tonalité*
- ☐ *Mouvement extérieur*
- ☐ *Émotion*
- ☐ *Volume sonore*
- ☐ *Position du corps*
- ☐ *Son*
- ☐ *Poids*
- ☐ *Mouvement personnel*

Pouvez-vous vous rappeler un moment où :

12. Vous vous débarrassiez de quelque chose qui vous ennuyait.

13. Vous étiez content(e) de pouvoir choisir entre deux objets.

14. Vous ne buviez pas plus que ce que vous vouliez.

- ☐ *Vue*
- ☐ *Odorat*
- ☐ *Toucher*
- ☐ *Couleur*
- ☐ *Tonalité*
- ☐ *Mouvement extérieur*
- ☐ *Émotion*
- ☐ *Volume sonore*
- ☐ *Position du corps*
- ☐ *Son*
- ☐ *Poids*
- ☐ *Mouvement personnel*

15. Vous réussissiez à refuser de manger.

16. Vous faisiez de vous ce qui vous plaisait.

17. Vous faisiez ce que vous vouliez avec une personne plus petite.

18. Vous aviez raison de ne pas avoir accepté quelque chose.

19. Vous faisiez cadeau d'un présent qu'on vous avait fait.

20. Vous détruisiez un objet que quelqu'un vous avait imposé.

21. Vous aviez quelque chose que vous désiriez et le conserviez bien.

22. Vous faisiez exprès d'érafler vos chaussures.

Pouvez-vous vous rappeler un moment où :

23. Vous ne lisiez pas le livre qu'on vous avait donné.

24. Vous refusiez qu'on vous possède.

25. Vous modifiiez les ordres de quelqu'un.

26. Vous dormiez où ça vous chantait.

27. Vous refusiez de prendre un bain.

28. Vous abîmiez un vêtement et cela vous réjouissait.

29. Vous obteniez ce que vous vouliez.

30. Vous récupériez quelque chose que vous aviez perdu.

31. Vous obteniez la personne que vous désiriez.

32. Vous refusiez un partenaire.

33. Vous jetiez les couvertures au bas du lit.

34. Vous en faisiez à votre tête.

35. Vous découvriez que vous aviez eu raison de refuser.

- ☐ *Vue*
- ☐ *Odorat*
- ☐ *Toucher*
- ☐ *Couleur*
- ☐ *Tonalité*
- ☐ *Mouvement extérieur*
- ☐ *Émotion*
- ☐ *Volume sonore*
- ☐ *Position du corps*
- ☐ *Son*
- ☐ *Poids*
- ☐ *Mouvement personnel*

LISTE 6

LE PHÉNOMÈNE DE L'OUBLI

On admet généralement que le contraire de *se rappeler* est *oublier*. Les gens mélangent facilement ces deux choses, de sorte qu'ils oublient ce dont ils croient devoir se rappeler et se rappellent ce qu'ils croient qu'ils devraient oublier. La confusion essentielle et fondamentale qui existe entre *se rappeler* et *oublier* est évidemment liée à ce qui a été fait à l'individu sur le plan physique, et à ce qu'on lui a imposé ou enlevé comme matière, énergie, espace et temps.

La définition du mot « oublier » repose sur l'action d'abandonner quelque chose. Comment un sourd-muet apprendrait-il à un enfant à oublier quelque chose ? Il lui faudrait évidemment le cacher ou sans cesse l'enlever à l'enfant, jusqu'à ce que celui-ci ne ressente plus que de l'apathie et ne veuille plus en entendre parler. S'il agissait de la sorte suffisamment souvent avec l'enfant, l'amenant ainsi à abandonner quelque objet, ce dernier aurait pour ainsi dire oublié cet objet, car l'enfant, ou toute autre personne, fera avec ses pensées ce qu'il a fait avec la matière, l'énergie, l'espace, le temps et les organismes environnants. En effet, les pensées constituent une approximation symbolique de l'univers physique. Si l'on a obligé un enfant à abandonner ou à laisser de côté des objets, de l'énergie, des espaces et des temps, il va croire plus tard, en entendant le mot « oublier », qu'il lui faut abandonner une certaine pensée. Si le fait d'avoir été obligé d'abandonner des objets ou de se les être vu retirer pendant son enfance l'a plongé dans l'apathie, il va commencer à les oublier totalement.

On pourrait dire qu'un individu va occlure autant de pensées qu'il a dû abandonner ou céder d'objets durant son existence. La douleur constitue elle-même une perte, du fait qu'elle est immanquablement accompagnée d'une perte de cellules pour le corps. Ainsi l'individu peut-il concevoir à tort que la perte d'objets ou d'organismes est douloureuse. On pourrait donc qualifier de « douloureux » des souvenirs qui ne contiennent en réalité aucune douleur physique. Mais il a fallu que l'individu se soit vu infliger de la douleur physique auparavant pour concevoir maintenant qu'une perte est synonyme de douleur.

Parce que, dans leur éducation, les enfants sont souvent punis lorsqu'ils sont supposés laisser quelque chose tranquille, le fait de ne pas devoir toucher à quelque chose est assimilé à la douleur. C'est ainsi qu'on pourrait à tort concevoir comme douloureuse l'action de se rappeler quelque chose qu'on est censé oublier. En fait, elle ne l'est pas.

Il existe toute une philosophie qui affirme que le mieux est d'oublier les pensées désagréables. Nul doute que ce n'est là que de l'apathie résultant de l'éducation reçue durant l'enfance. L'enfant qui réclame un objet va d'ordinaire se montrer joyeux de prime abord. Puis, s'il ne parvient pas à l'obtenir, il va se mettre en colère. Si cela échoue, il se peut qu'il pleure. Finalement, il sombre dans l'apathie et dit qu'il n'en veut pas. C'est l'une des choses qui découle de l'échelle des tons de Dianétique. N'importe qui peut l'observer.

Les questions suivantes sont donc destinées à vous faire surmonter les périodes où vous avez dû laisser certaines choses tranquilles, où l'on vous a retiré quelque chose, où une perte vous avait été imposée. Aussi, lorsque vous répondez aux questions, serait-il bon de trouver plusieurs incidents à chaque question, plus particulièrement des incidents très anciens.

Le phénomène de l'oubli

Pouvez-vous vous rappeler un incident où :

1. **Vous mettiez quelque chose de côté, le croyant dangereux, alors qu'il ne l'était pas.**

2. **Vous obteniez quelque chose que vous n'étiez pas censé(e) posséder et le conserviez.**

3. **Vous touchiez joyeusement à tout ce que vous étiez supposé(e) laisser tranquille.**

4. **Vous reveniez vers quelque chose dont on vous avait écarté(e).**

5. **Vous constatiez que l'avertissement de laisser quelque chose tranquille n'était pas fondé.**

6. **Vous détruisiez joyeusement un objet coûteux.**

7. **Vous jetiez quelque chose que vous désiriez.**

8. **Vous jouiez avec quelqu'un que vous étiez censé(e) laisser tranquille.**

9. **Vous aviez raison de désobéir.**

10. **Vous lisiez un livre défendu.**

11. **Vous preniez plaisir à posséder des choses.**

- ☐ *Vue*
- ☐ *Odorat*
- ☐ *Toucher*
- ☐ *Couleur*
- ☐ *Tonalité*
- ☐ *Mouvement extérieur*
- ☐ *Émotion*
- ☐ *Volume sonore*
- ☐ *Position du corps*
- ☐ *Son*
- ☐ *Poids*
- ☐ *Mouvement personnel*

Pouvez-vous vous rappeler un incident où :

12. Vous obteniez un objet dangereux et y preniez plaisir.

13. Vous voliez de la nourriture avec allégresse.

14. Vous mangiez exactement ce dont vous aviez envie.

- ☐ *Vue*
- ☐ *Odorat*
- ☐ *Toucher*
- ☐ *Couleur*
- ☐ *Tonalité*
- ☐ *Mouvement extérieur*
- ☐ *Émotion*
- ☐ *Volume sonore*
- ☐ *Position du corps*
- ☐ *Son*
- ☐ *Poids*
- ☐ *Mouvement personnel*

15. Vous réussissiez à réparer un fil électrique.

16. Vous jouiez avec le feu.

17. Vous réussissiez à conduire dangereusement.

18. Vous touchiez quelque chose malgré tous les avertissements.

19. Vous vous en sortiez impuni.

20. Elle vous laissait tomber et partait.

21. Vous et quelques amis rassembliez des objets.

22. Vous touchiez joyeusement un objet défendu.

23. Vous l'obteniez quand même.

Pouvez-vous vous rappeler un incident où :

24. Vous alliez quelque part où vous n'étiez pas censé(e) aller et vous en étiez tout(e) content(e).

25. Vous possédiez quelque chose qui dans le passé vous avait été interdit.

26. Il vous laissait tomber et partait.

27. Vous jetiez quelque chose que vous aviez dû accepter.

28. Vous découvriez quelque chose qu'on vous avait caché.

29. Vous adoptiez une habitude que vous n'étiez pas censé(e) avoir et en étiez heureux(se).

30. Vous aviez raison et ils avaient tort.

31. Vous vous plaisiez dans un endroit interdit.

32. Vous n'étiez pas censé(e) le faire mais le faisiez quand même.

33. Les gens étaient contents de s'être trompés sur votre compte.

- ☐ *Vue*
- ☐ *Odorat*
- ☐ *Toucher*
- ☐ *Couleur*
- ☐ *Tonalité*
- ☐ *Mouvement extérieur*
- ☐ *Émotion*
- ☐ *Volume sonore*
- ☐ *Position du corps*
- ☐ *Son*
- ☐ *Poids*
- ☐ *Mouvement personnel*

Pouvez-vous vous rappeler un incident où :

34. Vous récupériez quelque chose que quelqu'un avait jeté.

35. Vous malmeniez quelqu'un pour qu'il vous donne quelque chose que vous désiriez.

36. Vous continuiez ce processing en dépit de ce qu'on disait.

- ☐ *Vue*
- ☐ *Odorat*
- ☐ *Toucher*
- ☐ *Couleur*
- ☐ *Tonalité*
- ☐ *Mouvement extérieur*
- ☐ *Émotion*
- ☐ *Volume sonore*
- ☐ *Position du corps*
- ☐ *Son*
- ☐ *Poids*
- ☐ *Mouvement personnel*

37. Vous persistiez à faire quelque chose jusqu'à ce qu'ils vous en reconnaissent le droit.

38. Vous constatiez soudain que vous pouviez faire tout ce que vous vouliez avec un objet.

39. Vous faisiez quelque chose de dangereux et vous en sortiez impuni.

40. Votre groupe obtenait finalement quelque chose qu'on lui avait refusé.

41. Vous constatiez que vous n'aviez plus besoin de rester assis(e) là.

42. Vous vous rendiez compte qu'il ne vous faudrait plus jamais retourner à l'école.

43. Vous constatiez que c'était la récréation.

Pouvez-vous vous rappeler un incident où :

44. Vous faisiez l'école buissonnière.

45. Vous faisiez en sorte que quelque chose ressemble à quelque chose d'autre.

46. Vous découvriez où un adulte s'était trompé.

47. Vous découvriez que ce n'était pas ce qu'ils avaient dit.

48. Vous vous retrouviez maître(sse) de toutes vos possessions.

49. Vous découvriez que vous ne deviez pas forcément vous coucher le soir.

50. Bien que vous sentiez qu'il vous fallait le manger, vous n'y touchiez pas.

51. Vous mangiez quelque chose qui n'était pas bon pour votre santé et y preniez plaisir.

52. Vous vous laissiez emporter par la colère et en étiez heureux(se).

53. Vous décidiez soudain que vous ne pouviez pas être si mauvais(e) que ça.

- ☐ *Vue*
- ☐ *Odorat*
- ☐ *Toucher*
- ☐ *Couleur*
- ☐ *Tonalité*
- ☐ *Mouvement extérieur*
- ☐ *Émotion*
- ☐ *Volume sonore*
- ☐ *Position du corps*
- ☐ *Son*
- ☐ *Poids*
- ☐ *Mouvement personnel*

Pouvez-vous vous rappeler un incident où :

54. Vous ouvriez une porte interdite.

55. Vous le faisiez marcher à toute allure alors qu'il aurait fallu le faire marcher lentement.

56. Vous voliez du temps.

57. Vous découvriez une affection dont vous ignoriez l'existence.

58. Vous abandonniez quelqu'un avec joie.

59. Vous refusiez de ne pas utiliser ce moment.

60. Vous partiez en douce et allumiez un feu.

61. Vous ne saviez pas que cela pouvait être si bon.

62. Vous constatiez que jouer n'était pas mauvais.

63. Vous ne trouviez rien de mal dans le plaisir.

64. Vous cessiez de faire quelque chose que vous étiez supposé(e) faire, pour faire quelque chose qui vous plaisait.

- ☐ *Vue*
- ☐ *Odorat*
- ☐ *Toucher*
- ☐ *Couleur*
- ☐ *Tonalité*
- ☐ *Mouvement extérieur*
- ☐ *Émotion*
- ☐ *Volume sonore*
- ☐ *Position du corps*
- ☐ *Son*
- ☐ *Poids*
- ☐ *Mouvement personnel*

Pouvez-vous vous rappeler un incident où :

65. Vous obteniez un espace qu'autrefois vous n'auriez pas obtenu.

66. Vous ne vous refusiez rien.

67. On ne pouvait vous en éloigner.

68. Vous réussissiez à refuser de venir à table.

69. Vous vous brûliez quand même sans que cela vous gêne.

70. Vous vous débarrassiez d'un objet et vous vous retrouviez libre.

- ☐ *Vue*
- ☐ *Odorat*
- ☐ *Toucher*
- ☐ *Couleur*
- ☐ *Tonalité*
- ☐ *Mouvement extérieur*
- ☐ *Émotion*
- ☐ *Volume sonore*
- ☐ *Position du corps*
- ☐ *Son*
- ☐ *Poids*
- ☐ *Mouvement personnel*

L I S T E 7

LES FACTEURS DE SURVIE

Comme la pulsion fondamentale de la vie est la SURVIE ! et qu'une bonne survie doit comprendre l'abondance, les caractéristiques de survie des gens, des organismes, de la matière, de l'énergie, de l'espace et du temps ont, du point de vue de l'individu, une très grande importance. L'aiguillon qui l'encourage à survivre est le plaisir. La menace de la douleur est l'impulsion qui le fait s'éloigner de la mort. Des idéaux et une éthique élevés augmentent le potentiel de survie de l'individu et du groupe. L'immortalité est la survie maximale.

Les facteurs qui constituent la survie peuvent s'opposer, car l'un d'eux peut, par sa nature, à la fois aider et entraver la survie. Un couteau, par exemple, est prosurvie si on le tient dans la main, mais antisurvie si quelqu'un le pointe contre votre poitrine. Au fur et à mesure qu'une personne avance dans l'existence, elle devient perplexe face à la valeur de survie de certains individus, de divers objets, ou de l'énergie, de l'espace et du temps. L'individu recherche la survie pour lui-même, sa famille et ses enfants mais aussi pour son groupe, la vie en général et l'univers physique. Mais son aptitude à évaluer son environnement et à déterminer si celui-ci aide ou entrave sa survie se détériore. Ce phénomène se produit lorsqu'il confond une chose avec une autre et qu'il est confronté à quelque chose qui, dans le passé, a contribué à sa survie et qui par la suite l'a entravée. Cela peut également se produire s'il voit des entités non-survie revêtir des qualités de survie.

C'est évidemment lorsque les entités antisurvie sont inexistantes et que des entités prosurvie se trouvent à proximité et à leur disposition que l'individu, la famille et le groupe survivent le mieux. On pourrait dire que la vie est une lutte pour la conquête de facteurs prosurvie et pour l'annihilation, la destruction et l'élimination de facteurs antisurvie.

L'émotion est directement déterminée par les facteurs prosurvie et antisurvie de l'existence. Lorsque l'individu trouve dans son voisinage une forte entité prosurvie comme une autre personne, un animal ou un objet, il est *heureux*. Si cette entité prosurvie l'abandonne, sa réaction émotionnelle se dégrade dans la mesure où il croit qu'il ne la retrouvera plus. Lorsqu'elle menace de l'abandonner, il devient *antagoniste* et se bat pour la garder auprès de lui. Si son départ semble certain, il va se mettre en *colère*. Et une fois qu'il aura la certitude qu'il l'a perdue, il va même jusqu'à la détruire de peur qu'elle ne favorise la survie d'une autre forme de vie. Lorsque cette entité prosurvie l'abandonne et qu'il se rend compte de la situation dans laquelle lui, sa famille, ses enfants ou son groupe se trouvent, il a *peur* que son départ ne soit définitif. Lorsqu'il sent que l'absence de cette entité prosurvie est presque irrémédiable, il sombre dans le *chagrin*. Lorsqu'il la considère perdue à jamais, il devient *apathique* ; à ce stade, il pourra même dire qu'il n'en voulait pas. En fait, tandis qu'il dégringole l'échelle des tons émotionnels, de l'antagonisme au chagrin, il tente malgré tout de se battre pour récupérer cette entité. Ce n'est que lorsqu'il a sombré dans l'apathie qu'il l'abandonne et la rejette.

Lorsqu'une personne, un animal, un objet, l'énergie, l'espace ou le temps menacent la survie de l'individu, de sa famille, de ses enfants ou de son groupe, ils ne pourront survivre de façon optimale qu'en chassant ou détruisant cette entité, ou en l'éloignant le plus possible. Par exemple, dans le cas d'un chien enragé, le danger est extrême lorsque ce chien est tout proche, et il est inexistant lorsque l'animal n'est pas là ou qu'il est très, très loin. Ainsi, avec des objets antisurvie, l'échelle des tons fonctionne à l'envers. Lorsque l'objet antisurvie est présent et ne peut être écarté, l'individu sombre dans l'*apathie*. S'il croit que lui-même, sa famille, ses enfants et son groupe sont menacés par un objet antisurvie qu'il est difficile de repousser, il va éprouver du *chagrin* (car le chagrin est mêlé de l'espoir qu'il pourra l'emporter en s'attirant la compassion des alliés). Quand l'entité antisurvie devient menaçante et qu'il croit qu'il est impossible de l'attaquer directement, l'individu a *peur*. Si l'objet antisurvie est proche, mais que l'individu, sa famille, ses enfants ou son groupe pensent pouvoir en venir à bout, bien qu'il soit déjà trop proche, ils manifestent de la *colère*. Si l'entité antisurvie a des chances de s'approcher, ils éprouveront de l'*antagonisme*. Au-dessus de ce niveau, les objets antisurvie sont de plus en plus éloignés ou facilement maîtrisables. L'individu peut même éprouver de la joie à leur égard : ils sont alors inexistants ou faciles à maîtriser.

Les individus sombrent dans un état émotionnel figé à propos de leur environnement lorsque des objets antisurvie y restent de façon trop statique ou que les objets prosurvie sont trop difficiles ou impossibles à obtenir, à attirer ou lorsqu'ils semblent enclins à s'éloigner. À ces états émotionnels se mêlera la confusion engendrée par une aptitude émoussée à faire la différence entre les qualités prosurvie et antisurvie d'une entité.

Pour l'enfant, un parent est une entité antisurvie du fait qu'il le punit, qu'il est beaucoup trop grand et que l'enfant ne peut pas lui apporter sa contribution ; son potentiel de survie en est ainsi amoindri. De l'autre côté, ce même parent lui fournit nourriture, vêtements, logis et, plus important encore, est une entité capable d'aimer et d'être aimée, ce qui en fait aussi une entité prosurvie.

Par conséquent, l'absence totale de ce parent ne constituerait pas un facteur de survie satisfaisant ; sa présence non plus et il en résulte une indécision. L'individu manifeste vis-à-vis du parent une certaine inquiétude due à de nombreuses situations existant à l'état latent depuis le début de sa vie.

Les questions suivantes ont pour but de permettre à l'individu de réévaluer la nature prosurvie ou antisurvie de personnes, d'animaux, d'objets, d'énergies, de l'espace et du temps en général.

Pouvez-vous vous rappeler un moment où :

1. **Une personne que vous détestiez se trouvait aux alentours.**

2. **Un individu que vous aimiez bien se tenait au-dessus de vous.**

3. **Vous acceptiez finalement une personne que vous aimiez bien.**

4. **Vous preniez plaisir à accompagner une personne que vous aimiez bien.**

5. **Vous étiez opposé(e) à une personne que vous aimiez bien.**

6. **Vous mettiez la main sur un individu que vous aimiez bien.**

7. **Vous-même et une personne que vous aimiez bien vous engagiez dans une action agréable.**

8. **Votre action avait pour résultat de vous débarrasser de quelqu'un que vous n'aimiez pas.**

9. **Vous preniez plaisir à voir quelqu'un que vous admiriez.**

10. **Vous alliez à la rencontre de quelqu'un que vous aimiez bien.**

11. **Vous faisiez l'acquisition d'un objet que vous adoriez.**

- ☐ *Vue*
- ☐ *Odorat*
- ☐ *Toucher*
- ☐ *Couleur*
- ☐ *Tonalité*
- ☐ *Mouvement extérieur*
- ☐ *Émotion*
- ☐ *Volume sonore*
- ☐ *Position du corps*
- ☐ *Son*
- ☐ *Poids*
- ☐ *Mouvement personnel*

Pouvez-vous vous rappeler un moment où :

12. Vous saviez que quelqu'un éprouvait de l'affection pour vous.

13. Vous vous éloigniez d'une personne dont vous aviez peur.

14. Vous marchiez à la suite d'une personne que vous aimiez bien.

- ☐ *Vue*
- ☐ *Odorat*
- ☐ *Toucher*
- ☐ *Couleur*
- ☐ *Tonalité*
- ☐ *Mouvement extérieur*
- ☐ *Émotion*
- ☐ *Volume sonore*
- ☐ *Position du corps*
- ☐ *Son*
- ☐ *Poids*
- ☐ *Mouvement personnel*

15. Une personne que vous aimiez bien vous aidait.

16. Vous vous trouviez tous ensemble avec des gens que vous aimiez bien.

17. Vous aviez failli rencontrer une personne que vous n'aimiez pas.

18. Vous étiez content(e) d'être seul(e).

19. Quelqu'un vous aidait à réaliser votre ambition.

20. Vous étiez parmi des gens que vous aimiez bien.

21. Vous trouviez quelqu'un aimable.

22. Une personne vous amusait.

23. Finalement, vous n'aviez pas à vous inquiéter.

Pouvez-vous vous rappeler un moment où :

24. Une personne que vous aimiez bien apparaissait soudain.

25. Vous aviez bon appétit.

26. Vous approchiez quelqu'un que vous respectiez.

27. Quelqu'un vous approuvait.

28. Une personne que vous aimiez bien se levait.

29. Vous étiez saisi(e) par la beauté de quelqu'un.

30. Vous étiez heureux(se) d'une arrivée.

31. Vous vous rendiez compte que vous n'aviez pas à avoir honte.

32. Quelqu'un que vous aimiez bien était endormi.

33. Vous assailliez un ennemi avec succès.

34. Une personne que vous respectiez vous aidait.

35. Vous appréciiez une personne que vous connaissiez.

36. Vous vous sentiez rassuré(e) par quelqu'un que vous aimiez bien.

- ☐ *Vue*
- ☐ *Odorat*
- ☐ *Toucher*
- ☐ *Couleur*
- ☐ *Tonalité*
- ☐ *Mouvement extérieur*
- ☐ *Émotion*
- ☐ *Volume sonore*
- ☐ *Position du corps*
- ☐ *Son*
- ☐ *Poids*
- ☐ *Mouvement personnel*

Pouvez-vous vous rappeler un moment où :

37. Vous étiez surpris(e) de constater qu'en fin de compte quelqu'un vous respectait.

38. Vous attaquiez quelqu'un que vous n'aimiez pas.

39. Vous étiez attaché(e) à un ami.

40. Quelqu'un que vous aimiez bien vous accordait son attention.

- ☐ *Vue*
- ☐ *Odorat*
- ☐ *Toucher*
- ☐ *Couleur*
- ☐ *Tonalité*
- ☐ *Mouvement extérieur*
- ☐ *Émotion*
- ☐ *Volume sonore*
- ☐ *Position du corps*
- ☐ *Son*
- ☐ *Poids*
- ☐ *Mouvement personnel*

41. Quelqu'un vous trouvait attirant(e).

42. Vous étiez réveillé(e) par quelqu'un que vous aimiez beaucoup.

43. Vous étiez content(e) de constater que quelqu'un était mauvais.

44. Vous jouiez au ballon.

45. Vous jouiez à vous battre avec des enfants.

46. Quelqu'un vous trouvait beau (belle).

47. Vous constatiez que vous vous étiez mis(e) à éprouver de l'affection pour quelqu'un.

48. Quelqu'un que vous n'aimiez pas vous suppliait.

Pouvez-vous vous rappeler un moment où :

49. Vous nouiez une amitié.

50. Vous constatiez que vous n'étiez pas obligé(e) d'être sage.

51. Une personne que vous n'aimiez pas se trouvait derrière vous.

52. Vous vous trouviez au-dessous de quelqu'un que vous aimiez bien.

53. Quelqu'un pour qui vous éprouviez de l'affection l'emportait sur vous.

54. Vous étiez à côté de votre meilleur ami.

55. Vous constatiez qu'on vous aimait plus que vous ne le pensiez.

56. Vous étiez entre deux amis.

57. Vous mordiez quelqu'un que vous n'aimiez pas.

58. Vous décidiez de fermer les yeux sur une faute.

59. Vous aimiez bien quelqu'un d'une autre race.

60. Quelqu'un vous demandait de souffler fort.

- ☐ *Vue*
- ☐ *Odorat*
- ☐ *Toucher*
- ☐ *Couleur*
- ☐ *Tonalité*
- ☐ *Mouvement extérieur*
- ☐ *Émotion*
- ☐ *Volume sonore*
- ☐ *Position du corps*
- ☐ *Son*
- ☐ *Poids*
- ☐ *Mouvement personnel*

Pouvez-vous vous rappeler un moment où :

61. La question de quelqu'un vous faisait rougir de plaisir.

62. Quelqu'un vous donnait le sentiment d'être audacieux(se).

63. Vous étiez content(e) que quelqu'un soit né.

- ☐ *Vue*
- ☐ *Odorat*
- ☐ *Toucher*
- ☐ *Couleur*
- ☐ *Tonalité*
- ☐ *Mouvement extérieur*
- ☐ *Émotion*
- ☐ *Volume sonore*
- ☐ *Position du corps*
- ☐ *Son*
- ☐ *Poids*
- ☐ *Mouvement personnel*

64. Personne ne pouvait vous déranger.

65. Vous aviez atteint le fond et commenciez à remonter.

66. Vous adressiez un salut à un ami en inclinant la tête.

67. Vous étiez dans une situation sans issue avec une personne sympathique.

68. Vous cassiez la croûte avec quelqu'un que vous aimiez bien.

69. Vous preniez le petit-déjeuner avec quelqu'un que vous aimiez bien.

70. Vous aimiez tant quelqu'un que vous pouviez à peine respirer.

71. Vous apportiez un cadeau à quelqu'un.

Pouvez-vous vous rappeler un moment où :

72. Vous frôliez quelqu'un que vous aimiez bien.

73. Quelqu'un vous aidait à construire quelque chose.

74. Quelqu'un embrassait une brûlure.

75. Vous étiez si heureux(se) que vous pensiez éclater de bonheur.

76. Vous enterriez quelque chose dont vous ne vouliez pas.

77. Vous étiez trop occupé(e) pour voir un ennemi.

78. Vous souteniez quelqu'un.

79. Vous voyiez quelque chose que vous n'aimiez pas dans une cage.

80. Vous répondiez à l'appel d'un ami.

81. Vous cassiez une canne.

82. Vous capturiez un ennemi.

83. Vous n'aviez plus besoin de faire attention.

- ☐ *Vue*
- ☐ *Odorat*
- ☐ *Toucher*
- ☐ *Couleur*
- ☐ *Tonalité*
- ☐ *Mouvement extérieur*
- ☐ *Émotion*
- ☐ *Volume sonore*
- ☐ *Position du corps*
- ☐ *Son*
- ☐ *Poids*
- ☐ *Mouvement personnel*

Pouvez-vous vous rappeler un moment où :

84. Vous constatiez que quelqu'un était intéressé.

85. Vous aimiez ne pas faire attention.

86. Un chat que vous n'aimiez pas s'éloignait de vous.

87. Vous découvriez que vous n'en étiez pas la cause.

88. Ils ne pouvaient pas vous attraper et vous vous en rendiez compte.

89. Vous étiez sûr(e) d'un ami.

90. Vous découvriez que vous aviez du charme.

91. Vous preniez plaisir à être avec un enfant.

92. Vous trouviez une église agréable.

93. Vous découvriez que vous aviez des amis dans la ville.

94. Vous quittiez la classe avec d'autres.

95. Quelqu'un vous croyait intelligent(e).

96. Vous découvriez qu'un ennemi était maladroit.

- ☐ *Vue*
- ☐ *Odorat*
- ☐ *Toucher*
- ☐ *Couleur*
- ☐ *Tonalité*
- ☐ *Mouvement extérieur*
- ☐ *Émotion*
- ☐ *Volume sonore*
- ☐ *Position du corps*
- ☐ *Son*
- ☐ *Poids*
- ☐ *Mouvement personnel*

Pouvez-vous vous rappeler un moment où :

97. Vous n'aviez pas besoin de vous habiller comme on vous le disait.

98. Vous jetiez un faux col.

99. Vous n'aviez pas à vous peigner.

100. Vous étiez à l'aise avec une personne.

101. Vous voyiez un ennemi arriver et l'évitiez.

102. Vous pouviez venir comme bon vous semblait.

103. Un ennemi devait obéir à votre ordre.

104. Vous constatiez que c'était vous qui commandiez.

105. Vous entendiez dire qu'un ennemi était mis derrière les barreaux.

106. Vous étiez en bonne compagnie.

107. Vous aviez pitié d'un ennemi.

108. On découvrait que vous étiez un agréable compagnon.

- ☐ *Vue*
- ☐ *Odorat*
- ☐ *Toucher*
- ☐ *Couleur*
- ☐ *Tonalité*
- ☐ *Mouvement extérieur*
- ☐ *Émotion*
- ☐ *Volume sonore*
- ☐ *Position du corps*
- ☐ *Son*
- ☐ *Poids*
- ☐ *Mouvement personnel*

Pouvez-vous vous rappeler un moment où :

109. Vous aviez un sentiment de plénitude.

110. Vous vous cachiez d'un ennemi.

111. Vous condamniez un ennemi.

112. Les gens avaient confiance en vous.

- ☐ *Vue*
- ☐ *Odorat*
- ☐ *Toucher*
- ☐ *Couleur*
- ☐ *Tonalité*
- ☐ *Mouvement extérieur*
- ☐ *Émotion*
- ☐ *Volume sonore*
- ☐ *Position du corps*
- ☐ *Son*
- ☐ *Poids*
- ☐ *Mouvement personnel*

113. Vous déconcertiez un ennemi.

114. Vous maîtrisiez physiquement un ennemi.

115. Quelqu'un donnait son consentement.

116. Vous ne pouviez pas vous contenir.

117. Vous voyiez un ennemi se contracter.

118. Vous vous avériez tout à fait contrariant(e).

119. Il était difficile de compter vos amis.

120. Les gens se rendaient compte que vous étiez courageux(se).

121. Vous faisiez la cour avec succès.

Pouvez-vous vous rappeler un moment où :

122. Vous mettiez un ennemi à l'abri.

123. Vous faisiez ramper un ennemi.

124. Vous formiez un groupe.

125. Vous ameniez quelqu'un à surmonter son ressentiment.

126. Vous étiez heureux(se) d'être dans une foule.

127. Vous faisiez pleurer un ennemi.

128. Vous guérissiez un ami.

129. Un ennemi se coupait.

130. Vous semiez un ennemi dans le noir.

131. Vous découvriez que quelque chose que vous n'aimiez pas était mort.

132. Vous faisiez la sourde oreille devant un ennemi.

133. Vous pardonniez à quelqu'un de vous avoir trompé(e).

- ☐ *Vue*
- ☐ *Odorat*
- ☐ *Toucher*
- ☐ *Couleur*
- ☐ *Tonalité*
- ☐ *Mouvement extérieur*
- ☐ *Émotion*
- ☐ *Volume sonore*
- ☐ *Position du corps*
- ☐ *Son*
- ☐ *Poids*
- ☐ *Mouvement personnel*

Pouvez-vous vous rappeler un moment où :

134. Vous donniez le cafard à quelqu'un que vous n'aimiez pas.

135. Vous retardiez une catastrophe.

136. Quelqu'un était enchanté de vous.

137. Vous ne pouviez refuser une faveur.

- ☐ *Vue*
- ☐ *Odorat*
- ☐ *Toucher*
- ☐ *Couleur*
- ☐ *Tonalité*
- ☐ *Mouvement extérieur*
- ☐ *Émotion*
- ☐ *Volume sonore*
- ☐ *Position du corps*
- ☐ *Son*
- ☐ *Poids*
- ☐ *Mouvement personnel*

138. Vous ne pouviez nier ce que vous vouliez.

139. Vous fermiez les yeux sur le défaut d'un ami.

140. On dépendait de vous.

141. Un ennemi avait ce qu'il méritait.

142. On répondait à votre désir.

143. Vous quittiez un ennemi.

144. Un ennemi vous quittait.

145. Vous meniez un ennemi au désespoir.

146. Vous et un autre parveniez à destination.

Pouvez-vous vous rappeler un moment où :

147. Votre groupe détruisait un ennemi.

148. Votre détermination l'emportait.

149. Vous pouviez voir la différence.

150. Vous diminuiez un ennemi.

151. Vous dispersiez un groupe que vous n'aimiez pas.

152. Vous constatiez que vous aviez raison de vous méfier de quelqu'un.

153. Vous vous lanciez.

154. Il y avait beaucoup à partager.

155. Vous ne doutiez pas le moins du monde de quelqu'un.

156. Vous conduisiez quelqu'un.

157. Vous mangiez avec une personne sympathique.

158. Vos efforts étaient récompensés.

159. Vous étiez entouré(e) d'amis.

- ☐ *Vue*
- ☐ *Odorat*
- ☐ *Toucher*
- ☐ *Couleur*
- ☐ *Tonalité*
- ☐ *Mouvement extérieur*
- ☐ *Émotion*
- ☐ *Volume sonore*
- ☐ *Position du corps*
- ☐ *Son*
- ☐ *Poids*
- ☐ *Mouvement personnel*

Pouvez-vous vous rappeler un moment où :

160. Vous encouragiez quelqu'un avec succès.

161. Vous mettiez fin à quelque chose que vous n'aimiez pas.

162. Vous étiez heureux(se) de regarder quelqu'un partir.

- ☐ *Vue*
- ☐ *Odorat*
- ☐ *Toucher*
- ☐ *Couleur*
- ☐ *Tonalité*
- ☐ *Mouvement extérieur*
- ☐ *Émotion*
- ☐ *Volume sonore*
- ☐ *Position du corps*
- ☐ *Son*
- ☐ *Poids*
- ☐ *Mouvement personnel*

163. Vous saviez que vous en aviez assez et passiez à l'action.

164. Quelqu'un était en extase devant vous.

165. Vous étiez à la hauteur de tous les autres.

166. Vous échappiez à un ennemi.

167. Vous vous vengiez de quelqu'un que vous n'aimiez pas.

168. Vous réussissiez un examen en dépit de quelqu'un.

169. Vous étiez surexcité(e) par une arrivée.

170. Quelqu'un que vous n'aimiez pas vous échappait.

Pouvez-vous vous rappeler un moment où :

171. **Quelqu'un que vous n'aimiez pas partait très loin.**

172. **Vous constatiez qu'une personne avait été fidèle.**

173. **Vous découvriez que vous n'aviez plus à avoir peur.**

174. **Vous donniez à manger à quelqu'un.**

175. **Vous constatiez que vous aviez peu d'ennemis.**

176. **Vous trouviez quelqu'un que vous aviez cherché.**

177. **Vous décidiez d'aller jusqu'au bout.**

178. **Votre pire ennemi s'éloignait de vous.**

179. **Vous regardiez une personne détestée s'enfuir.**

180. **Vous interdisiez à quelqu'un de s'approcher de vous et il vous obéissait.**

181. **Vous employiez la force avec quelqu'un et cela réussissait.**

182. **Vous vous rendiez compte que vous étiez libre.**

- ☐ *Vue*
- ☐ *Odorat*
- ☐ *Toucher*
- ☐ *Couleur*
- ☐ *Tonalité*
- ☐ *Mouvement extérieur*
- ☐ *Émotion*
- ☐ *Volume sonore*
- ☐ *Position du corps*
- ☐ *Son*
- ☐ *Poids*
- ☐ *Mouvement personnel*

Pouvez-vous vous rappeler un moment où :

183. Vous saviez que vous aviez un ami.

184. Vous effrayiez quelqu'un que vous n'aimiez pas.

185. Vous rassembliez des amis.

186. Vous pouviez franchir le portail.

- ☐ *Vue*
- ☐ *Odorat*
- ☐ *Toucher*
- ☐ *Couleur*
- ☐ *Tonalité*
- ☐ *Mouvement extérieur*
- ☐ *Émotion*
- ☐ *Volume sonore*
- ☐ *Position du corps*
- ☐ *Son*
- ☐ *Poids*
- ☐ *Mouvement personnel*

187. Les gens vous trouvaient généreux(se).

188. Vous n'étiez plus obligé(e) d'être sur vos gardes.

189. Les gens vous rendaient heureux(se).

190. Vous nuisiez à une personne que vous n'aimiez pas.

191. Quelqu'un que vous aimiez bien se hâtait à votre rencontre.

192. Vous guérissiez un ami.

193. Vous aidiez un allié.

194. Vous aviez un ami.

195. Vous faisiez obstacle à un ennemi.

196. Quelqu'un vous lançait en l'air.

Pouvez-vous vous rappeler un moment où :

197. Vous mettiez un ennemi dans le pétrin.

198. Vous étiez d'accord pour dire qu'il faisait très chaud.

199. Vous pourchassiez un ennemi.

200. Vous vous hâtiez vers un groupe.

201. Vous faisiez mal à quelqu'un dont vous aviez besoin.

202. Vous encouragiez quelqu'un à ne rien faire.

203. Vous éclairiez un groupe.

204. Vous constatiez avoir imaginé un tort chez quelqu'un.

205. Vous et un ami accomplissiez l'impossible.

206. Quelqu'un que vous aviez pourchassé entrait.

207. Vous trouviez un ennemi ignorant.

208. Vous rendiez impatient quelqu'un que vous n'aimiez pas.

209. On constatait que vous étiez intéressant(e).

- ☐ *Vue*
- ☐ *Odorat*
- ☐ *Toucher*
- ☐ *Couleur*
- ☐ *Tonalité*
- ☐ *Mouvement extérieur*
- ☐ *Émotion*
- ☐ *Volume sonore*
- ☐ *Position du corps*
- ☐ *Son*
- ☐ *Poids*
- ☐ *Mouvement personnel*

Pouvez-vous vous rappeler un moment où :

210. On appréciait votre invention.

211. Vous faisiez un voyage agréable.

212. Vous rendiez quelqu'un joyeux.

213. Vous sautiez.

214. Vous empêchiez quelqu'un de faire du tort.

215. Vous voyiez un ennemi se faire jeter dehors.

216. Vous maîtrisiez une envie de tuer.

217. Quelqu'un vous trouvait gentil(le).

218. On vous embrassait pour la première fois.

219. Vous retombiez sur vos pieds.

220. Vous étiez en retard, mais ce n'était pas grave.

221. Vous faisiez rire les gens.

222. Vous et une personne que vous aimiez bien étiez paresseux(ses).

- ☐ *Vue*
- ☐ *Odorat*
- ☐ *Toucher*
- ☐ *Couleur*
- ☐ *Tonalité*
- ☐ *Mouvement extérieur*
- ☐ *Émotion*
- ☐ *Volume sonore*
- ☐ *Position du corps*
- ☐ *Son*
- ☐ *Poids*
- ☐ *Mouvement personnel*

Pouvez-vous vous rappeler un moment où :

223. Vous abandonniez un ennemi.

224. Il y en avait un de moins.

225. Vous surpreniez un ennemi en train de mentir.

226. Votre groupe et vous aimiez la vie.

227. Vous étiez content(e) qu'il fasse jour.

228. Vous étiez heureux(se) d'écouter.

229. Vous l'emportiez sur quelqu'un de plus grand que vous.

230. Vous rendiez quelqu'un heureux d'être en vie.

231. Vous découvriez que l'amour existait vraiment.

232. Vous étiez très chanceux(se).

233. Vous répariez une machine pour quelqu'un.

234. Vous receviez du courrier agréable.

235. Vous connaissiez un brave homme.

- ☐ *Vue*
- ☐ *Odorat*
- ☐ *Toucher*
- ☐ *Couleur*
- ☐ *Tonalité*
- ☐ *Mouvement extérieur*
- ☐ *Émotion*
- ☐ *Volume sonore*
- ☐ *Position du corps*
- ☐ *Son*
- ☐ *Poids*
- ☐ *Mouvement personnel*

Pouvez-vous vous rappeler un moment où :

236. Quelqu'un imitait vos manières.

237. Un ennemi était en votre pouvoir.

238. Vous décidiez de ne pas vous marier.

239. Vous découvriez que vous étiez le maître.

240. Vous constatiez que vous n'étiez pas méchant(e).

241. Vous participiez à une réunion joyeuse.

242. Vous étiez parmi des amis.

243. Une personne que vous n'aimiez pas s'occupait de vous.

244. Un ami vous intéressait à la musique.

245. Les gens vous trouvaient mystérieux(se).

246. Vous découvriez que personne ne vous détestait.

247. Vous pouviez faire tout le bruit que vous vouliez.

248. Vous n'aviez pas à obéir.

249. Vous rendiez service à quelqu'un.

- ☐ *Vue*
- ☐ *Odorat*
- ☐ *Toucher*
- ☐ *Couleur*
- ☐ *Tonalité*
- ☐ *Mouvement extérieur*
- ☐ *Émotion*
- ☐ *Volume sonore*
- ☐ *Position du corps*
- ☐ *Son*
- ☐ *Poids*
- ☐ *Mouvement personnel*

Pouvez-vous vous rappeler un moment où :

250. Vous constatiez qu'en fin de compte on ne vous avait pas observé(e).

251. Vous en faisiez une grande occasion.

252. Vous offensiez quelqu'un que vous n'aimiez pas.

253. Vous étiez assis(e) sur quelqu'un.

254. Vous fermiez la porte à un ennemi.

255. Vous désobéissiez à un ordre et constatiez que c'était bien.

256. Vous organisiez un jeu.

257. Vous étiez content(e) de participer.

258. Vous étiez content(e) d'un compagnon.

259. Vous preniez le rôle de quelqu'un.

260. Quelqu'un éprouvait de la passion pour vous.

261. Vous étiez patient(e) avec un imbécile.

262. Vous rameniez la paix.

- ☐ *Vue*
- ☐ *Odorat*
- ☐ *Toucher*
- ☐ *Couleur*
- ☐ *Tonalité*
- ☐ *Mouvement extérieur*
- ☐ *Émotion*
- ☐ *Volume sonore*
- ☐ *Position du corps*
- ☐ *Son*
- ☐ *Poids*
- ☐ *Mouvement personnel*

Pouvez-vous vous rappeler un moment où :

263. Vous éprouviez de la pitié pour un ennemi.

264. Vous étiez impoli(e) et cela servait vos objectifs.

265. Vous découvriez que vous n'étiez pas pauvre.

- ☐ *Vue*
- ☐ *Odorat*
- ☐ *Toucher*
- ☐ *Couleur*
- ☐ *Tonalité*
- ☐ *Mouvement extérieur*
- ☐ *Émotion*
- ☐ *Volume sonore*
- ☐ *Position du corps*
- ☐ *Son*
- ☐ *Poids*
- ☐ *Mouvement personnel*

266. Vous vous placiez à côté d'un(e) ami(e).

267. Vous vous sentiez puissant(e) en compagnie de vos amis.

268. Vous découvriez que quelqu'un vous était précieux.

269. Vous faisiez ce que vous préfériez faire avec une personne.

270. Vous faisiez un cadeau à quelqu'un que vous aimiez bien.

271. Vous empêchiez quelqu'un de faire quelque chose de stupide.

272. Quelqu'un vous trouvait mignon(ne).

273. Vous constatiez que vous ne vouliez pas que quelqu'un aille en prison.

Pouvez-vous vous rappeler un moment où :

274. Vous aviez raison de vous en tenir à vos principes.

275. Vous faisiez partie d'un cortège.

276. Ils constataient que vous pouviez accomplir le travail.

277. Vous et un ami progressiez.

278. Quelqu'un tenait parole.

279. Il n'y avait pas besoin de preuves.

280. Quelqu'un était fier de vous.

281. Vous vous en teniez à votre objectif.

282. On constatait vos qualités.

283. Vous arrêtiez une querelle.

284. Vous constatiez que vous pouviez agir rapidement.

285. Il était inutile d'être calme.

286. Vous souleviez un enfant.

- ☐ *Vue*
- ☐ *Odorat*
- ☐ *Toucher*
- ☐ *Couleur*
- ☐ *Tonalité*
- ☐ *Mouvement extérieur*
- ☐ *Émotion*
- ☐ *Volume sonore*
- ☐ *Position du corps*
- ☐ *Son*
- ☐ *Poids*
- ☐ *Mouvement personnel*

Pouvez-vous vous rappeler un moment où :

287. Vous constatiez que l'animosité était rare.

288. Quelqu'un vous faisait la lecture.

289. Il y avait du danger mais vous étiez prêt(e).

290. Quelqu'un réapparaissait à l'improviste.

- ☐ *Vue*
- ☐ *Odorat*
- ☐ *Toucher*
- ☐ *Couleur*
- ☐ *Tonalité*
- ☐ *Mouvement extérieur*
- ☐ *Émotion*
- ☐ *Volume sonore*
- ☐ *Position du corps*
- ☐ *Son*
- ☐ *Poids*
- ☐ *Mouvement personnel*

291. Vous receviez quelqu'un que vous aimiez bien.

292. Vous reconnaissiez un(e) ami(e).

293. Quelqu'un se réfugiait auprès de vous.

294. Vous constatiez que vos regrets avaient été vains.

295. Les gens se réjouissaient avec vous.

296. Un ami vous rejoignait.

297. Une personne décidait de rester.

298. On vous trouvait remarquable.

299. Vous recommenciez quelque chose sans le moindre regret.

Pouvez-vous vous rappeler un moment où :

300. Les gens se rendaient compte qu'on avait donné une fausse image de vous.

301. Quelqu'un disait que vous ressembliez à quelqu'un d'autre.

302. Vous découvriez que vous n'aviez pas à respecter quelqu'un.

303. Vous rétablissiez une amitié.

304. Vous conserviez la bienveillance de quelqu'un.

305. Vous révéliez une supercherie.

306. Un ami se frottait contre vous.

307. Vous essayiez de sauver de la catastrophe quelqu'un que vous détestiez.

308. Vous faisiez fuir une personne antipathique.

309. Vous sortiez quelqu'un de sa tristesse.

310. Vous découvriez la sécurité.

311. Vous saviez que vous faisiez partie d'un joli tableau.

- ☐ *Vue*
- ☐ *Odorat*
- ☐ *Toucher*
- ☐ *Couleur*
- ☐ *Tonalité*
- ☐ *Mouvement extérieur*
- ☐ *Émotion*
- ☐ *Volume sonore*
- ☐ *Position du corps*
- ☐ *Son*
- ☐ *Poids*
- ☐ *Mouvement personnel*

Pouvez-vous vous rappeler un moment où :

312. **Vous aviez raison de prétendre que quelqu'un était une canaille.**

313. **Vous faisiez hurler une personne antipathique.**

314. **Vous étiez heureux(se) de constater que quelqu'un n'était pas ce qu'il semblait être.**

- ☐ *Vue*
- ☐ *Odorat*
- ☐ *Toucher*
- ☐ *Couleur*
- ☐ *Tonalité*
- ☐ *Mouvement extérieur*
- ☐ *Émotion*
- ☐ *Volume sonore*
- ☐ *Position du corps*
- ☐ *Son*
- ☐ *Poids*
- ☐ *Mouvement personnel*

315. **Vous constatiez, après tout, que vous ne pensiez pas toujours à vous.**

316. **Vous chassiez quelqu'un.**

317. **Vous découvriez qu'une personne n'était pas aussi sévère que vous l'aviez cru.**

318. **Vous faisiez trembler quelqu'un.**

319. **Vous criiez de joie.**

320. **Vous preniez plaisir à réduire quelque chose au silence.**

321. **Vous aviez un ami à vos côtés.**

322. **Vous preniez plaisir à voir quelqu'un partir.**

Pouvez-vous vous rappeler un moment où :

323. Vous imposiez le silence.

324. Vous constatiez que votre taille n'avait pas d'importance.

325. Quelqu'un vous trouvait adroit(e).

326. Vous étiez content(e) d'avoir été lent(e).

327. Vous réussissiez à résoudre une énigme.

328. Vous étiez content(e) que quelque chose soit glissant.

329. Vous étiez content(e) d'être arrivé(e) trop tôt.

330. Quelqu'un était fâché avec vous et cela ne donnait rien de bon.

331. Vous attachiez quelqu'un à un poteau.

332. Vous aimiez surprendre quelqu'un.

333. Vous constatiez que vous n'aviez pas à mourir de faim.

334. Vous ne vouliez pas rester, et ne restiez pas.

335. Quelqu'un se collait contre vous.

- ☐ *Vue*
- ☐ *Odorat*
- ☐ *Toucher*
- ☐ *Couleur*
- ☐ *Tonalité*
- ☐ *Mouvement extérieur*
- ☐ *Émotion*
- ☐ *Volume sonore*
- ☐ *Position du corps*
- ☐ *Son*
- ☐ *Poids*
- ☐ *Mouvement personnel*

Pouvez-vous vous rappeler un moment où :

336. Quelqu'un était quand même votre ami.

337. Quelqu'un vous secouait.

338. Vous vous arrêtiez pour parler à quelqu'un.

339. Vous arrêtiez une personne antipathique.

- ☐ *Vue*
- ☐ *Odorat*
- ☐ *Toucher*
- ☐ *Couleur*
- ☐ *Tonalité*
- ☐ *Mouvement extérieur*
- ☐ *Émotion*
- ☐ *Volume sonore*
- ☐ *Position du corps*
- ☐ *Son*
- ☐ *Poids*
- ☐ *Mouvement personnel*

340. Quelqu'un que vous aimiez bien dans un magasin était gentil avec vous.

341. Quelqu'un vous faisait vous sentir moins fort.

342. Vous dépouilliez une personne antipathique.

343. Quelqu'un vous caressait.

344. Quelqu'un découvrait à quel point vous étiez fort(e).

345. Vous gagniez une bataille.

346. Vous maîtrisiez une personne méchante.

347. Vous découvriez que vous aviez un sujet.

348. Vous ameniez une personne antipathique à se soumettre.

349. Vous réussissiez en dépit des autres.

Pouvez-vous vous rappeler un moment où :

350. Vous faisiez souffrir quelqu'un à juste titre.

351. Vous donniez un costume à un autre.

352. Vous vous sentiez plein(e) d'assurance en présence de quelqu'un.

353. Vous vous y preniez bien avec quelqu'un.

354. Vous saisissiez une personne antipathique.

355. Vos recherches étaient récompensées.

356. Quelqu'un essayait de vous faire partir, mais vous ne partiez pas.

357. Vous constatiez que vous aviez pris quelqu'un trop au sérieux.

358. Vous regardiez une personne antipathique agir rapidement.

359. Vous constatiez que la honte était inutile.

360. Quelqu'un découvrait que vous aviez été soupçonné(e) à tort.

- ☐ *Vue*
- ☐ *Odorat*
- ☐ *Toucher*
- ☐ *Couleur*
- ☐ *Tonalité*
- ☐ *Mouvement extérieur*
- ☐ *Émotion*
- ☐ *Volume sonore*
- ☐ *Position du corps*
- ☐ *Son*
- ☐ *Poids*
- ☐ *Mouvement personnel*

Pouvez-vous vous rappeler un moment où :

361. Vous deviez le dire, et vous l'avez dit.

362. Vous vous étiez inquiété(e) pour rien.

363. Vous appréhendiez une personne antipathique.

364. Vous étiez content(e) que quelqu'un soit grand.

- ☐ *Vue*
- ☐ *Odorat*
- ☐ *Toucher*
- ☐ *Couleur*
- ☐ *Tonalité*
- ☐ *Mouvement extérieur*
- ☐ *Émotion*
- ☐ *Volume sonore*
- ☐ *Position du corps*
- ☐ *Son*
- ☐ *Poids*
- ☐ *Mouvement personnel*

365. Le soulagement succédait à vos larmes.

366. Vous terrifiiez une personne antipathique.

367. Ils devaient reconnaître qu'en fin de compte, vous ne l'aviez pas dérobé.

368. Quelqu'un devait respecter vos droits de propriété.

369. Vous mettiez quelqu'un d'antipathique à l'épreuve.

370. Vous affrontiez une personne antipathique et gagniez.

371. C'était vous qui payiez pour beaucoup de gens.

372. Vous étiez content(e) que ce soit vrai.

Pouvez-vous vous rappeler un moment où :

373. Vous trouviez bien le fait d'être sous les ordres de quelqu'un.

374. Vous découvriez que vous n'étiez pas malheureux(se).

375. Vous découvriez la différence entre « toit » et « toi ».

376. Vous souleviez un enfant.

377. Vous aimiez monter l'escalier avec quelqu'un.

378. On vous trouvait utile.

379. Quelque chose que vous croyiez rare s'avérait ordinaire.

380. Vous constatiez qu'il n'y avait pas de mal à être vaniteux(se).

381. Ils découvraient à quel point vous étiez précieux(se).

382. Vous découvriez que quelque chose n'était pas un vice.

383. Vous recouvriez votre vigueur.

- ☐ *Vue*
- ☐ *Odorat*
- ☐ *Toucher*
- ☐ *Couleur*
- ☐ *Tonalité*
- ☐ *Mouvement extérieur*
- ☐ *Émotion*
- ☐ *Volume sonore*
- ☐ *Position du corps*
- ☐ *Son*
- ☐ *Poids*
- ☐ *Mouvement personnel*

Pouvez-vous vous rappeler un moment où :

384. Vous maîtrisiez une personne violente.

385. Vous découvriez que vous n'aviez pas d'ennemis invisibles.

386. Vous faisiez remuer la queue à un chien.

387. Vous aviez vraiment mérité le salaire qu'on vous payait.

388. Vous faisiez attendre un ennemi.

389. Vous vous promeniez avec quelqu'un que vous aimiez bien.

390. Vous acculiez une personne antipathique contre un mur.

391. Vous vagabondiez joyeusement.

392. Quelqu'un vous trouvait chaleureux(se).

393. Vous constatiez que c'était bien de regarder.

394. Vous découvriez que vous n'étiez pas faible.

395. Vous faisiez pleurer une personne antipathique.

- ☐ *Vue*
- ☐ *Odorat*
- ☐ *Toucher*
- ☐ *Couleur*
- ☐ *Tonalité*
- ☐ *Mouvement extérieur*
- ☐ *Émotion*
- ☐ *Volume sonore*
- ☐ *Position du corps*
- ☐ *Son*
- ☐ *Poids*
- ☐ *Mouvement personnel*

Pouvez-vous vous rappeler un moment où :

396. Peu vous importait où il allait.

397. Vous étiez heureux(se) de regarder quelqu'un partir.

398. Vous obligiez physiquement quelqu'un à venir.

399. Vous pensiez du bien d'une épouse.

400. Vous pensiez du bien d'un mari.

401. Vous découvriez que ce n'était pas faux.

402. Vous aviez fait quelque chose de mal et vous vous en êtes bien sorti.

403. On vous félicitait d'avoir écrit.

404. Vous faisiez hurler quelqu'un.

405. Des objets agréables étaient contre vous.

406. Vous étiez content(e) qu'un objet se trouve là.

407. Il y avait des objets tout autour de vous et vous étiez heureux(se).

- ☐ *Vue*
- ☐ *Odorat*
- ☐ *Toucher*
- ☐ *Couleur*
- ☐ *Tonalité*
- ☐ *Mouvement extérieur*
- ☐ *Émotion*
- ☐ *Volume sonore*
- ☐ *Position du corps*
- ☐ *Son*
- ☐ *Poids*
- ☐ *Mouvement personnel*

Pouvez-vous vous rappeler un moment où :

408. Vous étiez content(e) qu'un objet se trouve au-dessus de vous.

409. Quelqu'un acceptait un objet dont vous vouliez faire cadeau.

410. Un objet en accompagnait un autre.

411. Vous faisiez l'acquisition d'un objet que vous désiriez.

412. Vous mettiez des objets en mouvement.

413. Quelqu'un admirait quelque chose que vous possédiez.

414. Un objet vous faisait avancer.

415. Vous constatiez qu'un objet vous embellissait.

416. Vous vous découvriez pour une chose une affection que vous ne soupçonniez pas.

417. Vous jetiez quelque chose dont vous aviez peur.

418. Vous pourchassiez un objet et l'attrapiez.

419. Quelque chose vous aidait.

- ☐ *Vue*
- ☐ *Odorat*
- ☐ *Toucher*
- ☐ *Couleur*
- ☐ *Tonalité*
- ☐ *Mouvement extérieur*
- ☐ *Émotion*
- ☐ *Volume sonore*
- ☐ *Position du corps*
- ☐ *Son*
- ☐ *Poids*
- ☐ *Mouvement personnel*

Pouvez-vous vous rappeler un moment où :

420. Vous étiez content(e) de vous débarrasser complètement de quelque chose.

421. Un objet vous blessait presque, mais tout se terminait bien pour vous.

422. Vous réalisiez une ambition quelconque.

423. Vous vous trouviez parmi des objets agréables.

424. Vous trouviez un animal gentil.

425. Vous amusiez quelqu'un avec un objet.

426. Vous étiez tourmenté(e) par quelque chose et vous en débarrassiez.

427. Un objet dangereux s'approchait et vous l'écartiez.

428. Quelqu'un approuvait quelque chose.

429. Vous arrêtiez un objet.

430. Vous étiez content(e) d'être le rival d'un objet.

- ☐ *Vue*
- ☐ *Odorat*
- ☐ *Toucher*
- ☐ *Couleur*
- ☐ *Tonalité*
- ☐ *Mouvement extérieur*
- ☐ *Émotion*
- ☐ *Volume sonore*
- ☐ *Position du corps*
- ☐ *Son*
- ☐ *Poids*
- ☐ *Mouvement personnel*

Pouvez-vous vous rappeler un moment où :

431. Vous étiez content(e) qu'une voiture arrive.

432. Vous constatiez que vous n'aviez pas eu honte sans raison.

433. Vous euthanasiez un animal.

434. Vous attaquiez victorieusement quelque chose.

- ☐ *Vue*
- ☐ *Odorat*
- ☐ *Toucher*
- ☐ *Couleur*
- ☐ *Tonalité*
- ☐ *Mouvement extérieur*
- ☐ *Émotion*
- ☐ *Volume sonore*
- ☐ *Position du corps*
- ☐ *Son*
- ☐ *Poids*
- ☐ *Mouvement personnel*

435. Vous aidiez quelqu'un avec quelque chose.

436. Vous abandonniez une chose que vous n'aimiez pas.

437. Un objet vous donnait de l'assurance.

438. Vous étonniez les gens avec quelque chose.

439. Vous attaquiez quelque chose avec succès.

440. Vous attiriez un objet.

441. Vous lanciez une balle en l'air.

442. Vous trouviez quelque chose très beau.

Pouvez-vous vous rappeler un moment où :

443. Quelqu'un vous mendiait quelque chose.

444. Vous faisiez bien marcher une machine.

445. Vous étiez content(e) d'être derrière quelque chose.

446. Vous étiez content(e) de vous trouver au-dessous de quelque chose.

447. Vous n'aviez pas confiance en un objet.

448. Vous étiez entre deux objets.

449. Vous éteigniez quelque chose en soufflant dessus.

450. Vous racliez le fond.

451. Vous obteniez du pain.

452. Vous polissiez un objet.

453. Vous brûliez quelque chose dont vous ne vouliez pas.

454. Vous enterriez quelque chose que vous détestiez.

- ☐ *Vue*
- ☐ *Odorat*
- ☐ *Toucher*
- ☐ *Couleur*
- ☐ *Tonalité*
- ☐ *Mouvement extérieur*
- ☐ *Émotion*
- ☐ *Volume sonore*
- ☐ *Position du corps*
- ☐ *Son*
- ☐ *Poids*
- ☐ *Mouvement personnel*

Pouvez-vous vous rappeler un moment où :

455. Vous capturiez quelque chose.

456. Vous faisiez preuve d'habileté avec une voiture.

457. Vous découvriez que vous n'aviez pas à prendre de précautions avec un objet.

458. Votre désinvolture portait ses fruits.

- ☐ *Vue*
- ☐ *Odorat*
- ☐ *Toucher*
- ☐ *Couleur*
- ☐ *Tonalité*
- ☐ *Mouvement extérieur*
- ☐ *Émotion*
- ☐ *Volume sonore*
- ☐ *Position du corps*
- ☐ *Son*
- ☐ *Poids*
- ☐ *Mouvement personnel*

459. Vous charmiez quelqu'un avec quelque chose.

460. Vous deveniez certain(e) de quelque chose.

461. Vous preniez soin d'une possession parce que vous le vouliez.

462. Vous voyiez quelque chose venir à temps.

463. Vous exerciez votre pouvoir sur un objet.

464. Vous cachiez quelque chose.

465. Vous condamniez un objet.

466. Vous donniez à quelqu'un quelque chose qui lui donnait de l'assurance.

Pouvez-vous vous rappeler un moment où :

467. Vous aviez trouvé la solution à un objet qui vous avait laissé(e) perplexe.

468. Vous maîtrisiez un objet.

469. Quelque chose avait été offert avec votre consentement.

470. Vous construisiez bien quelque chose.

471. Vous mettiez au point quelque chose de très pratique.

472. Vous montriez du courage à propos d'un objet.

473. Vous coupiez quelque chose dont vous ne vouliez pas.

474. Vous vous débarrassiez d'un objet dont vous ne vouliez pas.

475. Vous retardiez une action physique.

476. Quelque chose vous enchantait.

477. Vous niiez l'existence de quelque chose.

478. Vous dépendiez d'un objet.

- ☐ *Vue*
- ☐ *Odorat*
- ☐ *Toucher*
- ☐ *Couleur*
- ☐ *Tonalité*
- ☐ *Mouvement extérieur*
- ☐ *Émotion*
- ☐ *Volume sonore*
- ☐ *Position du corps*
- ☐ *Son*
- ☐ *Poids*
- ☐ *Mouvement personnel*

Pouvez-vous vous rappeler un moment où :

479. Vous étiez content(e) de recevoir quelque chose que vous méritiez.

480. Vous regardiez partir un objet dont vous ne vouliez pas.

481. Vous preniez plaisir à détruire quelque chose.

- ☐ *Vue*
- ☐ *Odorat*
- ☐ *Toucher*
- ☐ *Couleur*
- ☐ *Tonalité*
- ☐ *Mouvement extérieur*
- ☐ *Émotion*
- ☐ *Volume sonore*
- ☐ *Position du corps*
- ☐ *Son*
- ☐ *Poids*
- ☐ *Mouvement personnel*

482. Vous voyiez la différence entre deux objets.

483. Vous regardiez un objet diminuer.

484. Vous faisiez quelque chose que les autres trouvaient trop difficile.

485. Vous étiez heureux(se) de creuser.

486. Vous dispersiez de nombreux objets.

487. Vous maîtrisiez quelque chose dont vous vous méfiiez.

488. Vous faisiez ce que vous vouliez avec quelque chose.

489. Vous compreniez un objet à propos duquel vous aviez eu des doutes.

490. Vous tiriez quelque chose à vous.

Pouvez-vous vous rappeler un moment où :

491. Vous donniez à boire à un animal.

492. Vous regardiez un objet tomber.

493. Vous habitiez un endroit agréable.

494. Vous attendiez avec impatience.

495. Quelque chose avait l'air trop bon pour être mangé.

496. Vous réussissiez à bouger un objet après maints efforts.

497. Vous enfermiez un objet.

498. Quelque chose vous encourageait.

499. Vous en finissiez avec un objet.

500. Vous constatiez qu'un objet que vous croyiez être nuisible était en fait utile.

501. Vous preniez plaisir à posséder quelque chose.

502. Vous pensiez que vous ne pouviez avoir assez de quelque chose.

503. Vous vous frayiez un passage.

- ☐ *Vue*
- ☐ *Odorat*
- ☐ *Toucher*
- ☐ *Couleur*
- ☐ *Tonalité*
- ☐ *Mouvement extérieur*
- ☐ *Émotion*
- ☐ *Volume sonore*
- ☐ *Position du corps*
- ☐ *Son*
- ☐ *Poids*
- ☐ *Mouvement personnel*

Pouvez-vous vous rappeler un moment où :

504. Vous échappiez à un objet.

505. Vous réussissiez à examiner quelque chose de dangereux.

506. Vous étiez passionné(e) par quelque chose.

507. Vous faisiez faire de l'exercice à un animal.

- ☐ *Vue*
- ☐ *Odorat*
- ☐ *Toucher*
- ☐ *Couleur*
- ☐ *Tonalité*
- ☐ *Mouvement extérieur*
- ☐ *Émotion*
- ☐ *Volume sonore*
- ☐ *Position du corps*
- ☐ *Son*
- ☐ *Poids*
- ☐ *Mouvement personnel*

508. Vous retourniez un objet.

509. Un objet était fiable.

510. Vous lanciez quelque chose loin de vous.

511. Vous faisiez aller quelque chose rapidement.

512. Vous surmontiez votre peur d'un objet.

513. Vous donniez à manger à un animal.

514. Vous preniez la première chose qui se présentait, sans éprouver d'appréhension.

515. Vous ajustiez un objet.

516. Vous regardiez quelqu'un fuir un objet puis vous vous approchiez de cet objet.

Pouvez-vous vous rappeler un moment où :

517. Vous possédiez quelque chose qu'on vous avait défendu de toucher.

518. Vous réussissiez à exercer de la force.

519. Vous étiez fier(ère) de vos possessions.

520. Un objet était votre ami.

521. Vous effrayiez quelqu'un avec un objet.

522. Vous rassembliez joyeusement des objets.

523. Vous faisiez pousser quelque chose.

524. Vous donniez des objets avec générosité.

525. Vous gardiez bien quelque chose.

526. Quelque chose vous rendait très heureux(se).

527. Vous étiez content(e) de faire quelque chose de nuisible avec un objet.

528. Vous guérissiez un animal.

- ☐ *Vue*
- ☐ *Odorat*
- ☐ *Toucher*
- ☐ *Couleur*
- ☐ *Tonalité*
- ☐ *Mouvement extérieur*
- ☐ *Émotion*
- ☐ *Volume sonore*
- ☐ *Position du corps*
- ☐ *Son*
- ☐ *Poids*
- ☐ *Mouvement personnel*

Pouvez-vous vous rappeler un moment où :

529. Vous aidiez quelqu'un avec un objet.

530. Quelqu'un vous avait caché quelque chose et vous le trouviez.

531. Vous empêchiez quelque chose de mauvais.

532. Vous faisiez un trou dans un objet.

- ☐ *Vue*
- ☐ *Odorat*
- ☐ *Toucher*
- ☐ *Couleur*
- ☐ *Tonalité*
- ☐ *Mouvement extérieur*
- ☐ *Émotion*
- ☐ *Volume sonore*
- ☐ *Position du corps*
- ☐ *Son*
- ☐ *Poids*
- ☐ *Mouvement personnel*

533. Vous rendiez un objet brûlant.

534. Vous chassiez avec succès.

535. Vous vous dépêchiez d'obtenir quelque chose que vous vouliez et vous l'obteniez.

536. Vous faisiez en sorte qu'un objet blesse un ennemi.

537. Un objet vous permettait d'être oisif(ve).

538. Vous illuminiez quelque chose avec quelque chose.

539. Vous imaginiez un nouvel objet et le construisiez.

540. Vous faisiez l'impossible avec un objet.

Pouvez-vous vous rappeler un moment où :

541. Vous regardiez quelque chose entrer.

542. Vous augmentiez vos possessions.

543. De votre propre chef, vous preniez un objet au lieu d'un autre.

544. Un objet retenait votre intérêt.

545. Quelqu'un était heureux de votre invention.

546. Vous tuiez quelque chose de mauvais.

547. Vous faisiez sauter un objet.

548. Vous découvriez que quelque chose vous appartenait vraiment.

549. Fou de joie, vous embrassiez un objet.

550. Un objet arrivait heureusement trop tard.

551. Vous faisiez rire quelqu'un avec un objet.

- □ *Vue*
- □ *Odorat*
- □ *Toucher*
- □ *Couleur*
- □ *Tonalité*
- □ *Mouvement extérieur*
- □ *Émotion*
- □ *Volume sonore*
- □ *Position du corps*
- □ *Son*
- □ *Poids*
- □ *Mouvement personnel*

Pouvez-vous vous rappeler un moment où :

552. Vous mesuriez la longueur et la largeur d'un objet.

553. Vous trouviez un objet qui traînait.

554. Vous donniez vie à quelque chose.

555. Vous illuminiez bien un espace.

- ☐ *Vue*
- ☐ *Odorat*
- ☐ *Toucher*
- ☐ *Couleur*
- ☐ *Tonalité*
- ☐ *Mouvement extérieur*
- ☐ *Émotion*
- ☐ *Volume sonore*
- ☐ *Position du corps*
- ☐ *Son*
- ☐ *Poids*
- ☐ *Mouvement personnel*

556. Vous étiez content(e) que quelque chose soit petit.

557. Vous aimiez beaucoup un objet et le conserviez.

558. Vous faisiez marcher une machine qu'un autre n'arrivait pas à faire marcher.

559. Vous maîtrisiez un objet.

560. Vous faisiez faire de la musique à un objet.

561. Vous arrachiez un secret à un objet mystérieux.

562. Vous étiez content(e) de maltraiter un objet.

563. Vous maîtrisiez quelque chose de compliqué.

Pouvez-vous vous rappeler un moment où :

564. Vous observiez la rencontre de deux objets.

565. Vous jetiez un liquide en l'air.

566. Vous chauffiez un liquide.

567. Vous versiez un liquide.

568. Vous mélangiez deux liquides.

569. Vous remuiez bien un liquide.

570. Vous constatiez que quelque chose n'était pas nécessaire.

571. Vous faisiez obéir un animal.

572. Vous rendiez service à quelqu'un avec un objet.

573. Vous achetiez quelque chose pour une circonstance spéciale.

574. Vous faisiez taire un objet.

575. Vous arrangiez bien plusieurs éléments.

- ☐ *Vue*
- ☐ *Odorat*
- ☐ *Toucher*
- ☐ *Couleur*
- ☐ *Tonalité*
- ☐ *Mouvement extérieur*
- ☐ *Émotion*
- ☐ *Volume sonore*
- ☐ *Position du corps*
- ☐ *Son*
- ☐ *Poids*
- ☐ *Mouvement personnel*

Pouvez-vous vous rappeler un moment où :

576. Vous découvriez l'origine de quelque chose.

577. Vous infligiez de la douleur avec un objet et en étiez content(e).

578. Vous mettiez un objet dans votre poche.

579. Un objet vous faisait vous sentir riche.

580. Vous donniez quelque chose de précieux à quelqu'un.

581. Vous prépariez une mixture réussie.

582. Vous préfériez un objet à un autre.

583. Vous empêchiez qu'un objet subisse des dommages.

584. Vous remportiez une querelle à propos d'un objet.

585. Vous recueilliez de la pluie.

586. Vous obteniez un liquide que vous désiriez.

- ☐ *Vue*
- ☐ *Odorat*
- ☐ *Toucher*
- ☐ *Couleur*
- ☐ *Tonalité*
- ☐ *Mouvement extérieur*
- ☐ *Émotion*
- ☐ *Volume sonore*
- ☐ *Position du corps*
- ☐ *Son*
- ☐ *Poids*
- ☐ *Mouvement personnel*

Pouvez-vous vous rappeler un moment où :

587. Vous leviez un objet.

588. Vous conserviez quelque chose de rare.

589. Vous étiez content(e) de recevoir quelque chose.

590. Vous reconnaissiez un objet qui intriguait les autres.

591. Vous donniez refuge à un animal.

592. Vous maîtrisiez un animal.

593. Vous répariez un objet.

594. Vous laissiez quelqu'un garder quelque chose de précieux.

595. Vous faisiez marcher quelque chose que d'autres n'avaient pas réussi à faire marcher.

596. Vous mettiez un objet en sécurité.

597. Vous mettiez un objet dans quelque chose.

598. Vous sortiez un objet de quelque chose.

- ☐ *Vue*
- ☐ *Odorat*
- ☐ *Toucher*
- ☐ *Couleur*
- ☐ *Tonalité*
- ☐ *Mouvement extérieur*
- ☐ *Émotion*
- ☐ *Volume sonore*
- ☐ *Position du corps*
- ☐ *Son*
- ☐ *Poids*
- ☐ *Mouvement personnel*

Pouvez-vous vous rappeler un moment où :

599. Vous faisiez l'acquisition de quelque chose de rare.

600. Vous répariez une éraflure sur un objet.

601. Vous faisiez hurler quelqu'un avec un objet.

- ☐ *Vue*
- ☐ *Odorat*
- ☐ *Toucher*
- ☐ *Couleur*
- ☐ *Tonalité*
- ☐ *Mouvement extérieur*
- ☐ *Émotion*
- ☐ *Volume sonore*
- ☐ *Position du corps*
- ☐ *Son*
- ☐ *Poids*
- ☐ *Mouvement personnel*

602. Quelqu'un découvrait qu'il avait été trop sévère à propos d'un objet.

603. Vous évacuiez un liquide en secouant.

604. Vous sortiez un animal de l'eau.

605. Vous vous procuriez un animal pour le manger.

606. Vous attachiez un animal à un poteau.

607. Vous l'emportiez sur un objet.

608. Vous caressiez un objet.

609. Vous étiez trop fort(e) pour un objet.

610. On vous présentait quelque chose en hommage.

Pouvez-vous vous rappeler un moment où :

611. Les gens constataient qu'il fallait vous féliciter à propos d'un objet.

612. Vous manipuliez bien un objet.

613. Vous saisissiez un objet.

614. Vos recherches pour trouver un objet étaient récompensées.

615. Vous étiez content(e) de voir un objet.

616. Vous mainteniez quelque chose.

617. Vous veniez à bout de quelque chose qui vous avait menacé(e).

618. Vous empêchiez un objet de faire du bruit.

619. Vous convainquiez quelqu'un de la valeur d'un objet.

620. Vous gaspilliez de l'argent.

621. Vous obteniez de l'argent.

622. Vous refusiez de l'argent auquel vous ne vous attendiez pas.

- ☐ *Vue*
- ☐ *Odorat*
- ☐ *Toucher*
- ☐ *Couleur*
- ☐ *Tonalité*
- ☐ *Mouvement extérieur*
- ☐ *Émotion*
- ☐ *Volume sonore*
- ☐ *Position du corps*
- ☐ *Son*
- ☐ *Poids*
- ☐ *Mouvement personnel*

Pouvez-vous vous rappeler un moment où :

623. Vous regardiez partir un objet dont vous ne vouliez pas.

624. Vous regardiez arriver un objet désiré.

625. Vous faisiez voler quelque chose.

626. Vous quittiez un endroit que vous n'aimiez pas.

- ☐ *Vue*
- ☐ *Odorat*
- ☐ *Toucher*
- ☐ *Couleur*
- ☐ *Tonalité*
- ☐ *Mouvement extérieur*
- ☐ *Émotion*
- ☐ *Volume sonore*
- ☐ *Position du corps*
- ☐ *Son*
- ☐ *Poids*
- ☐ *Mouvement personnel*

627. Vous obteniez un espace que vous désiriez.

628. Vous admiriez une région.

629. Vous avanciez à travers l'espace.

630. Vous éprouviez de l'affection pour un espace.

631. Vous étiez opposé(e) à un espace.

632. Vous décoriez un espace.

633. Vous étiez content(e) de sortir d'un espace dont vous aviez peur.

634. Vous aidiez à créer un espace.

635. Vous étiez seul(e) dans un espace et c'était agréable.

Pouvez-vous vous rappeler un moment où :

636. Vous étiez dans un espace amusant.

637. Vous veniez à bout d'une distance.

638. Vous traversiez un espace malsain.

639. Vous arriviez dans un espace agréable.

640. Vous rendiez un espace accessible.

641. Vous donniez confiance à un autre au sujet d'un espace.

642. Vous étiez attiré(e) par un espace.

643. Vous vous réveilliez dans un endroit agréable.

644. Vous brûliez un espace.

645. Vous réussissiez à traverser un endroit à l'aveuglette.

646. Vous aimiez un endroit obscur.

647. Vous fabriquiez une boîte.

648. Vous entriez dans un endroit agréable.

- ☐ *Vue*
- ☐ *Odorat*
- ☐ *Toucher*
- ☐ *Couleur*
- ☐ *Tonalité*
- ☐ *Mouvement extérieur*
- ☐ *Émotion*
- ☐ *Volume sonore*
- ☐ *Position du corps*
- ☐ *Son*
- ☐ *Poids*
- ☐ *Mouvement personnel*

Pouvez-vous vous rappeler un moment où :

649. Vous sortiez quelque chose d'un endroit.

650. Vous remplissiez un espace.

651. Vous aimiez beaucoup une boîte.

652. Vous laissiez quelqu'un ou quelque chose occuper un espace.

- ☐ *Vue*
- ☐ *Odorat*
- ☐ *Toucher*
- ☐ *Couleur*
- ☐ *Tonalité*
- ☐ *Mouvement extérieur*
- ☐ *Émotion*
- ☐ *Volume sonore*
- ☐ *Position du corps*
- ☐ *Son*
- ☐ *Poids*
- ☐ *Mouvement personnel*

653. Vous faisiez irruption dans un espace interdit.

654. Vous fabriquiez une bonne cage.

655. Vous vous empariez d'une région.

656. Vous retiriez un enfant d'un endroit.

657. Vous remettiez de l'ordre dans un espace.

658. Vous aimiez sauter à travers l'espace.

659. Vous descendiez dans l'espace.

660. Vous créiez un large espace.

661. Vous rassembliez beaucoup de choses dans un endroit.

662. Vous créiez de la chaleur.

Pouvez-vous vous rappeler un moment où :

663. Vous apportiez une lumière.

664. Vous éteigniez une énergie hostile.

665. Vous allumiez une lumière.

666. Vous régliez une flamme.

667. Vous employiez de l'énergie avec succès.

668. Vous brûliez quelque chose dont vous ne vouliez pas.

669. Vous arrangiez bien l'éclairage.

670. Vous faisiez bouillir quelque chose.

671. Vous faisiez fonctionner une machine.

672. Vous chassiez la chaleur.

673. Vous refroidissiez quelque chose.

674. Vous alliez d'un espace sombre dans un espace éclairé et amical.

675. Vous étiez content(e) qu'il fasse sombre.

- ☐ *Vue*
- ☐ *Odorat*
- ☐ *Toucher*
- ☐ *Couleur*
- ☐ *Tonalité*
- ☐ *Mouvement extérieur*
- ☐ *Émotion*
- ☐ *Volume sonore*
- ☐ *Position du corps*
- ☐ *Son*
- ☐ *Poids*
- ☐ *Mouvement personnel*

Pouvez-vous vous rappeler un moment où :

676. Vous laissiez l'obscurité derrière vous.

677. Vous étiez heureux(se) de voir le soleil se lever.

678. Vous regardiez le crépuscule faire place à la nuit.

679. Vous voyiez des fenêtres éclairées.

680. Vous trouviez quelque chose grâce à une lumière.

681. Vous étiez content(e) d'entrer dans un endroit chaud.

682. Vous réchauffiez un endroit froid.

683. Vous réchauffiez quelqu'un.

684. Vous faisiez chauffer quelque chose à manger.

685. Vous découvriez que le feu était un compagnon.

686. Vous constatiez que quelqu'un qui était blotti contre vous était chaud.

687. Vous étiez content(e) de quitter un endroit froid.

688. Vous rendiez un endroit désert agréable.

- ☐ *Vue*
- ☐ *Odorat*
- ☐ *Toucher*
- ☐ *Couleur*
- ☐ *Tonalité*
- ☐ *Mouvement extérieur*
- ☐ *Émotion*
- ☐ *Volume sonore*
- ☐ *Position du corps*
- ☐ *Son*
- ☐ *Poids*
- ☐ *Mouvement personnel*

Pouvez-vous vous rappeler un moment où :

689. Vous découvriez que quelqu'un vous attendait dans un endroit sombre et vous en étiez heureux(se).

690. Vous gériez bien le temps.

691. Vous laissiez une mauvaise période derrière vous.

692. Vous étiez sur le point d'avoir du bon temps.

693. Vous vous disiez que les choses n'avaient pas été si mauvaises que ça.

694. Vous trouviez votre temps bien employé.

695. Vous employiez du temps hier.

696. Vous avez passé un bon moment aujourd'hui.

- ☐ *Vue*
- ☐ *Odorat*
- ☐ *Toucher*
- ☐ *Couleur*
- ☐ *Tonalité*
- ☐ *Mouvement extérieur*
- ☐ *Émotion*
- ☐ *Volume sonore*
- ☐ *Position du corps*
- ☐ *Son*
- ☐ *Poids*
- ☐ *Mouvement personnel*

LISTE 8

L'IMAGINATION

Une des parties essentielles du processus de la pensée est l'*imagination*. Celle-ci est en fait une forme de raisonnement. Elle fournit des solutions futures fondées sur l'intuition et le calcul. Une imagination émoussée handicapera sérieusement le raisonnement de l'individu. L'imagination est une bonne chose, non une mauvaise. En rêvassant, par exemple, l'individu peut transformer une existence peu agréable en quelque chose de supportable. Ce n'est qu'avec l'imagination qu'on peut postuler les buts futurs à atteindre.

Si vous décomposez le mot « imagination », vous constaterez qu'il signifie tout simplement postuler des images ou assembler des perceptions pour en faire des créations conformes à votre désir. L'imagination est le fait de votre seule volonté. On pourrait dire que l'illusion est quelque chose imposé de force par vos aberrations. Tout ce qu'on a besoin de connaître à propos de l'imagination, c'est de savoir quand on est en train d'imaginer et quand on ne l'est pas.

Pouvez-vous vous rappeler un moment où :

1. Vous prévoyiez comment quelque chose devrait être et l'arrangiez en conséquence.

2. Vous imaginiez quelque chose et le construisiez.

3. Vous imaginiez à quoi un endroit allait ressembler et vous y rendiez.

- ☐ *Vue*
- ☐ *Odorat*
- ☐ *Toucher*
- ☐ *Couleur*
- ☐ *Tonalité*
- ☐ *Mouvement extérieur*
- ☐ *Émotion*
- ☐ *Volume sonore*
- ☐ *Position du corps*
- ☐ *Son*
- ☐ *Poids*
- ☐ *Mouvement personnel*

4. Vous étiez forcé(e) d'admettre avoir menti alors que vous aviez dit la vérité.

5. Quelqu'un dérangeait ce qui vous appartenait et vous le remettiez en ordre.

6. Vous aimiez à remplir un espace de choses imaginaires.

7. Vous créiez un chef-d'œuvre.

8. Vous voyiez devenir réalité quelque chose que vous aviez imaginé.

9. Vous imaginiez que quelque chose se trouvait là et le détruisiez.

10. On vous félicitait pour votre prédiction.

Pouvez-vous vous rappeler un moment où :

11. Vous prévoyiez comment employer votre temps et l'employiez comme prévu.

12. Vous ignoriez les interruptions et continuiez selon l'horaire.

13. Vous voyiez comment améliorer un espace et l'amélioriez.

14. Vous conceviez un plan et les gens le suivaient.

15. Les choses étaient plus aisées parce que vous les aviez conçues ainsi.

16. Vous tiriez profit de l'imagination.

- ☐ *Vue*
- ☐ *Odorat*
- ☐ *Toucher*
- ☐ *Couleur*
- ☐ *Tonalité*
- ☐ *Mouvement extérieur*
- ☐ *Émotion*
- ☐ *Volume sonore*
- ☐ *Position du corps*
- ☐ *Son*
- ☐ *Poids*
- ☐ *Mouvement personnel*

LISTE 9

LES VALENCES

Vous avez peut-être remarqué, tandis que vous perceviez des choses qui s'étaient produites dans le passé, que parfois vous vous trouviez manifestement dans votre propre corps, alors que d'autres fois vous étiez en train de vous observer. Il existe des gens qui ne se trouvent jamais à l'extérieur de leur corps lorsqu'ils se rappellent, et d'autres qui ne se trouvent jamais dedans. Chacun possède beaucoup de *valences*. Par « valence », on entend une personnalité véritable ou d'emprunt. Votre propre valence est votre personnalité véritable. Ne doutez point, cependant, qu'il est possible de se confondre avec d'autres corps et d'autres gens. Lorsque vous assumez votre propre valence en vous rappelant certaines choses, vous voyez ce que vous voyiez autrefois comme si vous le regardiez à nouveau de vos propres yeux. C'est là une situation très souhaitable. Être hors de sa propre valence et se trouver dans une valence d'emprunt est un symptôme qui indique qu'on trouve trop dangereux d'occuper son corps en pensée. Le fait d'être hors valence rend difficile de contacter des perceptions dont on tente de se souvenir. Vous constaterez, tandis que vous continuerez ces listes et les recommencerez maintes et maintes fois, qu'il vous sera de plus en plus facile de revoir les choses de vos propres yeux.

Dans la liste de questions suivantes, et lors de tout rappel, essayez d'adopter votre propre point de vue, c'est-à-dire de percevoir la scène comme vous-même le faisiez à l'époque.

Pouvez-vous vous rappeler un moment où :

1. **Vous regardiez une personne que vous n'aimiez pas faire quelque chose que vous aimiez faire.**

2. **Vous voyiez une personne que vous aimiez bien faire quelque chose que vous n'aimiez pas faire.**

3. **Vous regardiez une personne que vous aimiez bien faire quelque chose que vous aimiez faire.**

4. **Vous voyiez une personne que vous n'aimiez pas faire quelque chose que vous détestiez faire.**

5. **Vous remarquiez que quelqu'un portait la même chose que vous.**

6. **Vous constatiez que quelqu'un avait le même tic que vous.**

7. **Vous adoptiez un tic.**

8. **Vous constatiez que vous et un chien étiez traités pareillement.**

9. **Vous faisiez des grimaces dans le miroir.**

10. **Vous décidiez d'être complètement différent(e) de quelqu'un.**

- ☐ *Vue*
- ☐ *Odorat*
- ☐ *Toucher*
- ☐ *Couleur*
- ☐ *Tonalité*
- ☐ *Mouvement extérieur*
- ☐ *Émotion*
- ☐ *Volume sonore*
- ☐ *Position du corps*
- ☐ *Son*
- ☐ *Poids*
- ☐ *Mouvement personnel*

Pouvez-vous vous rappeler un moment où :

11. Vous constatiez que vous étiez semblable à un objet.

12. Vous étiez mis(e) dans la même catégorie qu'une personne à votre désavantage.

13. Vous étiez mis(e) dans la même catégorie qu'une personne, à votre avantage.

14. Vous constatiez que vous étiez habillé(e) comme beaucoup d'autres.

15. Vous constatiez qu'après tout vous étiez différent(e) de quelqu'un.

16. Vous remarquiez la différence entre les autres et vous.

17. Vous mangiez avec quelqu'un que vous aimiez bien.

18. Vous rencontriez une personne qui vous en rappelait une autre et vous remarquiez ce qui les différenciait.

19. Vous marchiez au même pas que quelqu'un que vous aimiez bien.

20. Vous rouliez avec quelqu'un que vous admiriez.

21. Vous deviez adopter la même position que quelqu'un.

- ☐ *Vue*
- ☐ *Odorat*
- ☐ *Toucher*
- ☐ *Couleur*
- ☐ *Tonalité*
- ☐ *Mouvement extérieur*
- ☐ *Émotion*
- ☐ *Volume sonore*
- ☐ *Position du corps*
- ☐ *Son*
- ☐ *Poids*
- ☐ *Mouvement personnel*

Pouvez-vous vous rappeler un moment où :

22. **Vous jouiez avec des gens que vous aimiez bien.**

23. **Vous constatiez que vous faisiez quelque chose parce que quelqu'un dans votre enfance le faisait.**

24. **Vous constatiez que vous refusiez de faire quelque chose parce que quelqu'un dans votre enfance le faisait.**

On pourrait définir les valences comme l'effort de ressembler à ses amis et d'être différent de ses ennemis. Malheureusement, dans la vie, vous êtes sujet à des comparaisons avec vos ennemis ; de même qu'on ira vous indiquer ce qui vous différencie de vos amis. Il est souhaitable de démêler cela afin de pouvoir se sentir libre de suivre les mouvements et les actions d'autrui, sans les associer à ses amis ou à ses ennemis.

Afin de remettre de l'ordre dans les ressemblances et les différences relatives aux autres gens, j'ai ajouté les questions suivantes à la liste 9. Elles en constituent la seconde partie.

Rappelez-vous :

1. **Une personne qui vous ressemble.**

2. **Une personne qui a des difficultés physiques semblables aux vôtres.**

3. **Une personne dont vous avez adopté un tic particulier.**

Rappelez-vous :

4. **Une personne qui vous rappelle un animal que vous avez connu.**

5. **Une personne qui vous comparait défavorablement à des personnes antipathiques.**

6. **Une personne qui vous comparait favorablement à des personnes sympathiques.**

7. **Deux personnes que vous avez confondues.**

8. **Une personne que vous avez connue il y a longtemps qui ressemble à quelqu'un avec qui vous vivez.**

9. **Une personne que vous connaissiez avant et qui vous rappelle une personne avec laquelle vous êtes maintenant en relation.**

10. **À qui ressemblez-vous le plus ? Qui l'a dit ?**

11. **Qui avait l'habitude d'avoir peur des sentiments ?**

12. **Qui n'aimait pas manger ?**

13. **Qui était toujours censé(e) ne rien valoir ?**

14. **Qui fréquentait trop les gens ?**

- ☐ *Vue*
- ☐ *Odorat*
- ☐ *Toucher*
- ☐ *Couleur*
- ☐ *Tonalité*
- ☐ *Mouvement extérieur*
- ☐ *Émotion*
- ☐ *Volume sonore*
- ☐ *Position du corps*
- ☐ *Son*
- ☐ *Poids*
- ☐ *Mouvement personnel*

Rappelez-vous :

15. Qui rendait la vie impossible à tout le monde ?

16. Qui avait de mauvaises manières ?

- ☐ *Vue*
- ☐ *Odorat*
- ☐ *Toucher*
- ☐ *Couleur*
- ☐ *Tonalité*
- ☐ *Mouvement extérieur*
- ☐ *Émotion*
- ☐ *Volume sonore*
- ☐ *Position du corps*
- ☐ *Son*
- ☐ *Poids*
- ☐ *Mouvement personnel*

17. Qui avez-vous connu(e) qui souffrait de la douleur qui vous ennuie ?

18. À qui voudriez-vous ressembler le plus ?

19. À qui détesteriez-vous le plus ressembler ?

20. Qui prétendait que vous ne valiez rien ?

21. Qui essayait de vous maintenir dans le droit chemin ?

22. Qui vous flattait ?

23. Qui vous nourrissait ?

Il serait bon de recommencer la seconde partie de la liste 9 et de se rappeler des incidents particuliers avec toutes les perceptions possibles qui illustrent les réponses à ces questions.

LISTE 10

LES INTERRUPTIONS

Parler avec lenteur ou incertitude, être sujet au trac, raisonner ou penser lentement, hésiter à prendre des décisions, tout cela provient principalement de l'*interruption* d'actions physiques durant votre enfance.

Comme l'enfant risque de se mettre en danger, on interrompt continuellement ses actions physiques. Il tend la main vers quelque chose et on l'en détourne, non au moyen de simples mots, mais en l'écartant de l'objet ou en écartant l'objet de lui. On l'empêche de pénétrer dans des endroits où il désire aller. On lui donne une chose alors qu'il en veut une autre. Son autodétermination est continuellement entravée lorsqu'il tente d'explorer, d'obtenir ou d'écarter matière, énergie, espace ou temps. À partir de ces interruptions précoces, l'enfant accumule toute une chaîne d'interruptions, faites non seulement de mots, mais aussi de barrières et d'obstacles physiques. S'il n'a pas été trop souvent interrompu durant son enfance, il pourra plus tard évaluer les interruptions de façon analytique. Par contre, si, durant son enfance, on lui imposait interruptions par-dessus interdictions, son pouvoir de choix est inhibé, sans parler de sa faculté de s'exprimer et de penser.

Se rappeler des incidents particuliers, comme il est demandé dans cette liste, permet de ramener à la surface ces chaînes d'interruptions et de les désintensifier.

Pouvez-vous vous rappeler un moment où :

1. Un objet vous résistait et vous en veniez à bout.

2. Vous ne pouviez pas bouger puis réussissiez à vous dégager.

3. Quelqu'un vous prenait quelque chose des mains pour le terminer.

- ☐ *Vue*
- ☐ *Odorat*
- ☐ *Toucher*
- ☐ *Couleur*
- ☐ *Tonalité*
- ☐ *Mouvement extérieur*
- ☐ *Émotion*
- ☐ *Volume sonore*
- ☐ *Position du corps*
- ☐ *Son*
- ☐ *Poids*
- ☐ *Mouvement personnel*

4. Votre action physique était interrompue.

5. Une machine ne démarrait pas.

6. Quelqu'un vous sautait dessus à l'improviste.

7. On vous racontait une histoire de fantômes.

8. Vous deviez abandonner une carrière.

9. Quelqu'un vous touchait la bouche.

10. Vous essayiez de lever la main et en étiez empêché(e).

11. Vous constatiez que la route était barrée.

12. Vous n'arriviez pas à mettre quelque chose dans quelque chose.

Pouvez-vous vous rappeler un moment où :

13. Vous étiez arrêté(e) par un ami.

14. Votre père vous montrait comment il fallait s'y prendre.

15. Quelqu'un vous obligeait à prendre soin de quelque chose.

16. On vous prouvait que vous en faisiez un usage incorrect.

17. On vous reprenait « pour votre bien ».

18. Vous connaissiez quelqu'un qui avait la manie de n'employer que le mot juste.

19. On vous « aidait » à finir votre phrase.

20. Vous ne pouviez pas y aller à la dernière minute.

21. Vous connaissiez quelqu'un qui rectifiait les paroles des chansons que vous chantiez.

22. On ne vous permettait pas de pleurer.

23. Un bruit tapait sur les nerfs de quelqu'un.

- ☐ *Vue*
- ☐ *Odorat*
- ☐ *Toucher*
- ☐ *Couleur*
- ☐ *Tonalité*
- ☐ *Mouvement extérieur*
- ☐ *Émotion*
- ☐ *Volume sonore*
- ☐ *Position du corps*
- ☐ *Son*
- ☐ *Poids*
- ☐ *Mouvement personnel*

Pouvez-vous vous rappeler un moment où :

24. Vous n'arriviez pas à terminer quelque chose par manque de temps.

25. Vous deviez être patient(e).

26. Il vous était impossible de partir à ce moment-là.

27. Vous partiez mais on vous arrêtait.

- ☐ *Vue*
- ☐ *Odorat*
- ☐ *Toucher*
- ☐ *Couleur*
- ☐ *Tonalité*
- ☐ *Mouvement extérieur*
- ☐ *Émotion*
- ☐ *Volume sonore*
- ☐ *Position du corps*
- ☐ *Son*
- ☐ *Poids*
- ☐ *Mouvement personnel*

28. Quelqu'un essayait de vous arrêter mais vous continuiez quand même.

29. Vous vous en serviez comme vous en aviez envie.

30. On ne vous avait pas arrêté(e).

31. Vous vous libériez et continuiez.

32. Vous hurliez quand même.

33. Vous terminiez quelque chose en dépit de quelqu'un.

34. Vous deviez arrêter d'engloutir votre nourriture.

35. Vous buviez tout votre soûl.

36. Vous n'étiez pas censé(e) vous battre.

37. Quelqu'un réfrénait une réaction musculaire.

Pouvez-vous vous rappeler un moment où :

38. Vous étiez plein d'enthousiasme mais quelqu'un le réfrénait rapidement.

39. Vous continuiez en dépit de la fatigue.

40. Vous vous défaisiez d'une habitude.

41. Vous découvriez que quelqu'un n'était pas aussi fort que vous le croyiez.

42. Vous constatiez qu'après tout, il vous était possible de l'avoir.

43. Vous découvriez que le motif véritable était égoïste.

44. Vous échappiez à une domination.

45. Vous découvriez qu'après tout ce n'était pas pour votre bien.

46. Vous vous reteniez d'interrompre quelqu'un.

47. Vous constatiez que les autres n'étaient pas plus avisés que vous.

48. Tout le monde avait cru que vous aviez tort mais découvrait que vous aviez raison.

- ☐ *Vue*
- ☐ *Odorat*
- ☐ *Toucher*
- ☐ *Couleur*
- ☐ *Tonalité*
- ☐ *Mouvement extérieur*
- ☐ *Émotion*
- ☐ *Volume sonore*
- ☐ *Position du corps*
- ☐ *Son*
- ☐ *Poids*
- ☐ *Mouvement personnel*

Pouvez-vous vous rappeler un moment où :

49. Vous atteigniez le but quand même.

50. Vous constatiez qu'une personne n'était pas précieuse.

- ☐ *Vue*
- ☐ *Odorat*
- ☐ *Toucher*
- ☐ *Couleur*
- ☐ *Tonalité*
- ☐ *Mouvement extérieur*
- ☐ *Émotion*
- ☐ *Volume sonore*
- ☐ *Position du corps*
- ☐ *Son*
- ☐ *Poids*
- ☐ *Mouvement personnel*

51. Vous réfréniez une envie de détruire quelque chose.

52. Vous enfreigniez la loi et vous vous tiriez d'affaire.

53. L'éclair ne vous avait pas frappé(e).

54. Vous répariez quelque chose.

55. Vous ignoriez une interruption de votre lecture.

L I S T E 1 1

SECTION DE LA DÉPRÉCIATION

Les individus aberrés emploient deux méthodes distinctes et très aberrées pour diriger autrui. La première consiste à forcer une personne à faire exactement ce qu'ils désirent en employant le mécanisme de la récrimination et en la menaçant de lui retirer amitié et soutien si elle n'obéit pas sur-le-champ. Autrement dit : « Tu fais exactement ce que je te dis ou je ne suis plus ton allié. » C'est de la *domination* pure et simple. Cette méthode comprend également la colère, les critiques ouvertes, les accusations et d'autres mécanismes destinés à enfoncer et soumettre l'individu en le diminuant. La seconde méthode pourrait être appelée domination par *annihilation*. Il s'agit d'actions sournoises. Très souvent la victime ne soupçonne rien. Tout ce qu'elle sait, c'est qu'elle est malheureuse. C'est la méthode de domination employée par le lâche. Celui qui s'en sert sent qu'il vaut moins que sa victime et n'a pas l'honnêteté et le cran de l'admettre. Il commence alors, à la façon des termites rongeant une fondation (comme en Californie) à « rabaisser » l'autre personne au moyen de petites critiques malveillantes. Celui qui cherche à dominer attaque durement la fierté et les capacités de sa victime. Cependant, si cette dernière contre-attaque, l'attaquant va jurer ses grands dieux qu'il agit uniquement de la sorte par amitié et par bienveillance, ou bien va nier totalement avoir agi ainsi.

Cette dernière méthode est la plus nuisible. Celui qui l'emploie cherche à diminuer l'autre personne jusqu'au point où il pourra la dominer totalement, et il continuera jusqu'à ce que sa victime ait sombré dans une apathie mêlée de confusion. On pourrait appeler le dénominateur commun de l'annihilation « dépréciation ». L'attaquant cherche non seulement à rabaisser la personne, mais aussi ses facultés et son savoir. Il prétend que les possessions de sa cible ne sont pas aussi importantes qu'elles pourraient l'être. Il déprécie les expériences qu'elle a vécues. Il rabaisse également son allure, sa force, ses capacités physiques et son potentiel. Il peut agir de façon si dissimulée que cela semble être « dans l'intérêt » de sa cible. L'attaquant cherche à « améliorer » sa victime.

La première question de cette liste devrait évidemment être : Combien avez-vous connu de personnes qui, sous prétexte de chercher à vous aider, ont sans cesse tenté de vous anéantir en tant qu'être et de miner votre futur, vos espoirs, vos buts et votre énergie vitale ?

Pouvez-vous vous rappeler un moment où :

1. **Une personne beaucoup plus petite que vous était irritée par votre taille.**

2. **Une personne plus grande que vous vous faisait vous sentir inférieur(e).**

3. **Une personne ne vous laissait pas terminer quelque chose.**

4. **Un objet était trop important pour vous.**

5. **Vous trouviez un espace trop grand.**

6. **On vous repoussait parce que vous étiez trop petit(e).**

7. **On vous refusait dans l'équipe.**

8. **Vous constatiez que vous étiez à la hauteur.**

9. **Vous découvriez que quelqu'un avait menti en disant que vous étiez mauvais.**

10. **Vous constatiez qu'après tout vous aviez eu raison.**

11. **Vous constatiez que votre décision aurait été meilleure.**

- ☐ *Vue*
- ☐ *Odorat*
- ☐ *Toucher*
- ☐ *Couleur*
- ☐ *Tonalité*
- ☐ *Mouvement extérieur*
- ☐ *Émotion*
- ☐ *Volume sonore*
- ☐ *Position du corps*
- ☐ *Son*
- ☐ *Poids*
- ☐ *Mouvement personnel*

Pouvez-vous vous rappeler un moment où :

12. Vous résolviez un problème que personne n'avait pu résoudre.

13. Vous découvriez qu'il y avait dans le monde des personnes plus laides que vous.

14. Vous constatiez que vous pouviez vous passer de l'opinion de quelqu'un.

15. Vous découvriez qu'un autre pensait que vous aviez vraiment fait du bon travail.

16. On admirait votre bonne mine.

17. Vous maîtrisiez une machine.

18. Vous accomplissiez un voyage difficile.

19. Vous découvriez que quelqu'un qui vous calomniait était malhonnête par ailleurs.

20. Vous constatiez que vous étiez plus grand(e) et plus puissant(e) qu'un animal.

21. Vous découvriez votre compétence.

22. Vous l'emportiez totalement sur quelqu'un.

- ☐ *Vue*
- ☐ *Odorat*
- ☐ *Toucher*
- ☐ *Couleur*
- ☐ *Tonalité*
- ☐ *Mouvement extérieur*
- ☐ *Émotion*
- ☐ *Volume sonore*
- ☐ *Position du corps*
- ☐ *Son*
- ☐ *Poids*
- ☐ *Mouvement personnel*

Pouvez-vous vous rappeler un moment où :

23. Un ennemi demandait grâce.

24. Vous faisiez saigner quelqu'un.

25. Vous preniez la part du lion et la conserviez.

26. Vous faisiez sentir votre valeur.

27. Vous étiez trop lourd(e) pour quelqu'un.

28. Vous tuiez quelque chose.

29. Vous gagniez.

30. Vous réussissiez à vous éloigner d'une personne qui vous rabaissait.

31. Vous découvriez que vous aviez raison et que celui qui commandait avait tort.

32. Vous découvriez que vous pouviez vous améliorer.

33. Vous vous remettiez alors qu'ils n'avaient plus d'espoir pour vous.

- ☐ *Vue*
- ☐ *Odorat*
- ☐ *Toucher*
- ☐ *Couleur*
- ☐ *Tonalité*
- ☐ *Mouvement extérieur*
- ☐ *Émotion*
- ☐ *Volume sonore*
- ☐ *Position du corps*
- ☐ *Son*
- ☐ *Poids*
- ☐ *Mouvement personnel*

Pouvez-vous vous rappeler un moment où :

- ☐ *Vue*
- ☐ *Odorat*
- ☐ *Toucher*
- ☐ *Couleur*
- ☐ *Tonalité*
- ☐ *Mouvement extérieur*
- ☐ *Émotion*
- ☐ *Volume sonore*
- ☐ *Position du corps*
- ☐ *Son*
- ☐ *Poids*
- ☐ *Mouvement personnel*

34. Votre endurance vous surprenait.

35. Vous découvriez que vous compreniez.

36. Vous accomplissiez un travail que personne ne croyait possible.

37. Vous étiez fier(ère) de vous aujourd'hui.

LISTE 12

LES ÉLÉMENTS

L'ennemi principal de l'Homme, dans son milieu, c'est le temps qu'il fait. Maisons, poêles, vêtements et même nourriture — dans la mesure où celle-ci fournit au corps chaleur et énergie — constituent tous des moyens de défense contre la tempête, le froid, la chaleur et la nuit.

Pouvez-vous vous rappeler un moment où :

1. Vous veniez à bout d'une tempête.

2. Vous aimiez le tonnerre.

3. Vous vous amusiez dans la neige.

4. Vous profitiez du soleil.

5. Tout le monde disait qu'il faisait trop chaud, mais vous aimiez cela.

6. Vous veniez à bout d'une étendue d'eau.

7. La pluie était reposante.

- ☐ *Vue*
- ☐ *Odorat*
- ☐ *Toucher*
- ☐ *Couleur*
- ☐ *Tonalité*
- ☐ *Mouvement extérieur*
- ☐ *Émotion*
- ☐ *Volume sonore*
- ☐ *Position du corps*
- ☐ *Son*
- ☐ *Poids*
- ☐ *Mouvement personnel*

Pouvez-vous vous rappeler un moment où :

8. Vous étiez content(e) que le temps soit couvert.

9. Le vent vous stimulait.

10. La nuit était douce.

11. Vous étiez content(e) de voir le soleil.

- ☐ *Vue*
- ☐ *Odorat*
- ☐ *Toucher*
- ☐ *Couleur*
- ☐ *Tonalité*
- ☐ *Mouvement extérieur*
- ☐ *Émotion*
- ☐ *Volume sonore*
- ☐ *Position du corps*
- ☐ *Son*
- ☐ *Poids*
- ☐ *Mouvement personnel*

12. Le temps était favorable.

13. Vous veniez à bout d'une vague.

14. L'air était vivifiant.

15. Vous étiez content(e) de la saison.

16. Vous vous réchauffiez après avoir eu trop froid.

17. L'aube vous stimulait.

18. Vous aviez le sentiment de posséder les étoiles.

19. Un grêlon vous passionnait.

20. Vous découvriez la forme des flocons de neige.

21. La rosée étincelait.

Liste 12
Les éléments

Pouvez-vous vous rappeler un moment où :

22. Il y avait une légère brume.

23. Vous étiez plus fort que la tempête.

24. Il faisait un temps de chien dehors et vous étiez au chaud dans votre maison.

25. C'était bon de sentir le vent.

26. Vous en aviez réchappé.

27. Vous constatiez que vous aimiez votre climat.

28. Vous étiez content(e) de voir le printemps.

29. Vous aviez le sentiment de pouvoir maîtriser tous les vents du monde.

30. Vous admiriez une tempête.

31. Vous aimiez l'éclair.

- ☐ *Vue*
- ☐ *Odorat*
- ☐ *Toucher*
- ☐ *Couleur*
- ☐ *Tonalité*
- ☐ *Mouvement extérieur*
- ☐ *Émotion*
- ☐ *Volume sonore*
- ☐ *Position du corps*
- ☐ *Son*
- ☐ *Poids*
- ☐ *Mouvement personnel*

REVENEZ À LA LISTE 1 ET RECOMMENCEZ CHAQUE LISTE. CONTINUEZ JUSQU'À CE QUE LE LIVRE AIT ÉTÉ UTILISÉ DE NOMBREUSES FOIS.

SI QUELQUE CHOSE QUE VOUS VOUS ÊTES RAPPELÉ VOUS A MIS MAL À L'AISE

Il est possible qu'en vous rappelant certains incidents de votre existence, vous vous sentiez mal à l'aise. On peut y remédier de plusieurs façons.

DOULEUR PHYSIQUE :

Si la situation dont vous vous êtes souvenu comprend une véritable *douleur physique*, n'essayez pas de vous y plonger davantage, mais concentrez-vous sur des incidents ultérieurs. De cette manière, vous reviendrez progressivement dans le présent. Les questions suivantes vous aideront à y parvenir.

1. **Rappelez-vous un incident agréable qui s'est produit après.**

2. **Rappelez-vous ce que vous étiez en train de faire il y a un an à la même époque.**

3. **Rappelez-vous un moment où vous vous amusiez vraiment.**

4. **Rappelez-vous ce que vous étiez en train de faire il y a un mois à la même heure.**

5. **Rappelez-vous ce que vous étiez en train de faire hier.**

6. **Rappelez-vous quelque chose d'agréable qui s'est produit aujourd'hui.**

Rappelez-vous ces choses une fois encore, consécutivement.

TRISTESSE :

Si l'incident ne comprenait pas de douleur physique mais de la *tristesse,* rappelez-vous les choses suivantes :

1. **La première fois après cela où vous avez fait l'acquisition de quelque chose que vous aimiez.**

2. **Rappelez-vous quelque chose que vous possédez actuellement et que vous aimez beaucoup.**

3. **Rappelez-vous quelque chose que vous avez longtemps désiré et finalement obtenu.**

4. **Rappelez-vous un moment où quelqu'un était très gentil avec vous.**

5. **Rappelez-vous la dernière fois où vous avez reçu de l'argent.**

6. **Rappelez-vous votre repas d'hier soir.**

7. **Rappelez-vous un moment où vous avez mangé aujourd'hui.**

Rappelez-vous à nouveau ces incidents avec tous les perceptiques présents.

- ☐ *Vue*
- ☐ *Odorat*
- ☐ *Toucher*
- ☐ *Couleur*
- ☐ *Tonalité*
- ☐ *Mouvement extérieur*
- ☐ *Émotion*
- ☐ *Volume sonore*
- ☐ *Position du corps*
- ☐ *Son*
- ☐ *Poids*
- ☐ *Mouvement personnel*

Si vous contactez régulièrement des incidents contenant douleur physique et chagrin durant votre processing et que vous n'arriviez pas à y remédier, appelez l'auditeur de Dianétique le plus proche de chez vous et arrangez une consultation. Il pourra vous amener à un point où la liste vous sera bénéfique.

VOUS DÉSIREZ ÉVITER LES SOUVENIRS :

Si vous vous êtes simplement senti mal à l'aise, sans que le chagrin ou la douleur physique vous gêne outre mesure, et que vous désirez uniquement en *éviter le souvenir,* servez-vous de la liste suivante :

1. Rappelez-vous à nouveau l'incident dans son intégralité, depuis le début jusqu'à la fin.

2. Rappelez-vous l'incident une fois encore.

3. Rappelez-vous un incident antérieur similaire à celui-ci.

4. Rappelez-vous un incident similaire encore plus ancien.

5. Rappelez-vous l'incident similaire le plus ancien possible.

6. Rappelez-vous tous ces incidents, l'un après l'autre, dans leur intégralité.

7. Rappelez-vous à nouveau tous ces incidents, l'un après l'autre, depuis le plus ancien jusqu'au plus récent.

8. Rappelez-vous à nouveau tous ces incidents.

9. Repassez la chaîne d'incidents similaires et trouvez-en d'autres plus récents, jusqu'à ce que vous soyez revenu(e) dans le présent.

10. Rappelez-vous un incident agréable qui s'est produit durant ces derniers jours. Contactez-en tous les perceptiques possibles.

11. Rappelez-vous ce que vous étiez en train de faire il y a une heure.

- ☐ *Vue*
- ☐ *Odorat*
- ☐ *Toucher*
- ☐ *Couleur*
- ☐ *Tonalité*
- ☐ *Mouvement extérieur*
- ☐ *Émotion*
- ☐ *Volume sonore*
- ☐ *Position du corps*
- ☐ *Son*
- ☐ *Poids*
- ☐ *Mouvement personnel*

STABILISATION :

Cela vient habituellement à bout de *n'importe laquelle* des situations mentionnées ci-dessus.

1. **Rappelez-vous un moment qui vous semble vraiment réel.**

2. **Rappelez-vous un moment où vous éprouviez une réelle affinité pour quelqu'un.**

3. **Rappelez-vous un moment où quelqu'un était en bonne communication avec vous.**

4. **Rappelez-vous un moment où vous ressentiez une profonde affinité pour quelqu'un.**

5. **Rappelez-vous un moment où vous saviez que vous étiez vraiment en train de communiquer avec quelqu'un.**

6. **Rappelez-vous un moment où plusieurs personnes étaient entièrement d'accord avec vous.**

7. **Rappelez-vous un moment où vous étiez d'accord avec quelqu'un.**

8. **Rappelez-vous un moment durant ces deux derniers jours où vous vous sentiez affectueux(se).**

9. **Rappelez-vous un moment pendant ces deux derniers jours où quelqu'un ressentait de l'affection pour vous.**

10. Rappelez-vous un moment pendant ces deux derniers jours où vous étiez en bonne communication avec quelqu'un.

11. Rappelez-vous un moment durant ces deux derniers jours qui vous semble vraiment réel.

12. Rappelez-vous un moment durant ces deux derniers jours où vous étiez en bonne communication avec les gens.

Rappelez-vous plusieurs incidents à chaque question.

D'après la médecine, et selon des expériences, on a constaté qu'il fallait absorber de grandes quantités de vitamine B1 lorsqu'on se livre au processing. Un régime riche en protéines et 100 à 200 mg de vitamine B1 par jour facilitent considérablement le processing. Si on ne prend pas assez de B1 et qu'on ne suit pas un régime suffisamment riche en protéines, on risque d'être sujet à des cauchemars et à de la nervosité pendant la période où l'on suit le processing. Il faut noter qu'il s'agit d'une constatation que la médecine a faite il y a de nombreuses années et qui n'est pas spécifique à la Dianétique.

LISTE DE FIN DE SÉANCE

Après chaque séance de processing, terminez par ce qui suit, sans vous servir du disque :

1. Revenez rapidement sur la séance que vous venez de terminer.

2. Recommencez l'étape ci-dessus, en faisant particulièrement attention à la façon dont vous étiez assis(e).

3. Revoyez la séance en prêtant uniquement attention à ce que vous avez fait avec vos mains et aux bruits extérieurs que vous avez entendus pendant la séance.

4. À présent, portez votre attention sur un objet agréable proche de vous.

Répétez ces étapes jusqu'à ce que vous vous sentiez rafraîchi dans votre milieu immédiat.

Annexe

ÉTUDES COMPLÉMENTAIRES

LIVRES ET CONFÉRENCES DE L. RON HUBBARD

Les textes de Dianétique et de Scientologie forment le plus grand ensemble de connaissances jamais réunies au sujet du mental, de l'esprit et de la vie. Ron Hubbard les a rigoureusement affinées et codifiées au terme de cinq décennies de recherches et d'investigations. Des centaines de livres et plus de 3000 conférences enregistrées contiennent les résultats de ces travaux. Vous pouvez en obtenir une liste et une description complète, y compris des éditions traduites dans votre langue, auprès de toute Église de Scientologie ou organisation de publication. (Voir le ***guide des livres et conférences*** à la page 320.)

La Dianétique est un précurseur et une branche de la Scientologie. Dans les pages suivantes figurent les livres et conférences recommandés pour les débutants. Ils apparaissent dans l'ordre dans lequel Ron Hubbard les a écrits ou données. L'étude chronologique de ces livres et conférences offre plusieurs avantages. Parmi les principaux, on trouve les définitions des mots et des termes que LRH a données avec une très grande exactitude lorsqu'il les a utilisés à l'origine. Une telle étude permet de voir comment le sujet s'est développé, et de gagner non seulement une meilleure compréhension, mais encore le moyen de l'appliquer dans votre vie.

La liste des livres et des conférences ci-dessous vous indique où s'intègre *Self-Analyse*. Dès lors, vous pouvez déterminer votre *prochaine* étape ou remarquer quel livre ou quelle conférence antérieurs vous pouvez avoir manqués. Vous pourrez ainsi remplir les vides, et non seulement acquérir la connaissance de chaque découverte, mais aussi disposer d'une meilleure compréhension de ce que vous avez déjà étudié.

Ceci est la voie pour *savoir comment savoir*, ouvrant pour *vous* les portes qui mènent à un futur meilleur. Suivez-la et voyez vous-même.

LIVRES ET CONFÉRENCES DE DIANÉTIQUE

LA DIANÉTIQUE : LA THÈSE ORIGINELLE • La *première* description de la Dianétique rédigée par Ron Hubbard. À l'origine ce texte a circulé sous forme de manuscrit. Puis il a été copié et passé de main en main. Le bouche à oreille a suscité une telle demande d'informations que Ron Hubbard en a conclu que le seul moyen de répondre à ces questions était d'écrire un livre. Ce livre intitulé *La Dianétique : la puissance de la pensée sur le corps,* est devenu depuis le best-seller de tous les temps dans le domaine de l'amélioration personnelle. Découvrez comment tout a commencé. Voici les fondements des découvertes de Dianétique : les *axiomes initiaux,* le *principe dynamique de l'existence,* la *structure du mental analytique* et *celle du mental réactif,* les *dynamiques,* l'*échelle des tons,* le *Code de l'auditeur* et la première description du *Clair.* Mais surtout, voici les lois principales décrivant comment et pourquoi l'audition fonctionne. Tout cela ne figure que dans *La Dianétique : la thèse originelle.*

LA DIANÉTIQUE : ÉVOLUTION D'UNE SCIENCE • Ce texte raconte *comment* Ron Hubbard a découvert le mental réactif et a élaboré les procédures pour s'en débarrasser. Écrit à l'origine pour un magazine national (publié pour coïncider avec la sortie de *La Dianétique : la puissance de la pensée sur le corps*), il a lancé un mouvement qui s'est répandu du jour au lendemain comme une traînée de poudre. Voici donc les fondements de la Dianétique ainsi que le compte rendu de Ron Hubbard retraçant ses vingt années de découvertes et son application d'une méthodologie scientifique pour démêler les mystères et les problèmes du mental humain, ainsi que l'aboutissement d'une quête de 10 000 ans pour l'Homme.

LA DIANÉTIQUE : LA PUISSANCE DE LA PENSÉE SUR LE CORPS • L'éclair jailli du néant qui a lancé un mouvement planétaire. Voici le livre essentiel de Ron Hubbard qui présente la découverte du *mental réactif,* ce mental qui asservit l'Homme. Il est la source des cauchemars, des peurs irraisonnées, des bouleversements et de l'insécurité. Et voici le moyen de s'en débarrasser et d'atteindre le but longtemps recherché : l'état de Clair. Ce livre est le manuel complet de la procédure de Dianétique et grâce à lui, deux personnes raisonnablement intelligentes peuvent briser les chaînes qui les ont maintenues prisonnières des bouleversements et des traumas du passé. Best-seller depuis plus d'un demi-siècle et comptant des dizaines de millions d'exemplaires imprimés, traduit en plus de 50 langues et utilisé dans plus de 100 pays sur Terre, *La Dianétique* est incontestablement le livre le plus lu et le plus influent jamais écrit sur le mental humain. Et pour cette raison, il sera toujours connu sous le nom de *Livre Un.*

LA DIANÉTIQUE : CONFÉRENCES ET DÉMONSTRATIONS • Juste après avoir publié *La Dianétique,* Ron Hubbard a commencé à donner des conférences à des salles combles à travers les États-Unis. Il avait beau s'adresser à des milliers de personnes à la fois, la demande ne cessait d'augmenter. Pour y faire face, Ron Hubbard a fait enregistrer les conférences d'Oakland en Californie. Dans ces quatre conférences, il décrit les événements qui lui ont fait commencer ses recherches et son voyage vers ses découvertes révolutionnaires. Il a accompagné tout cela d'une démonstration d'audition de Dianétique. Il s'agit là de la seule démonstration d'audition disponible du Livre Un, inestimable pour les dianéticiens. *4 conférences.*

AUTO-PROCESSING

SELF-ANALYSE — *LE MANUEL DE BASE D'AUTO-PROCESSING* • *(Ce livre-ci)* Les barrières de la vie ne sont en fait que des ombres. Apprenez à vous connaître — pas seulement une ombre de vous-même. Offrant la description la plus complète de la conscience, *Self-Analyse* vous fait faire le tour de votre passé, de vos potentiels, de votre vie. D'abord, avec une série d'auto-examens et le Tableau Hubbard d'évaluation humaine, vous vous situez sur l'échelle des tons. Puis, en appliquant une série de procédés légers mais puissants, vous vous embarquez dans la grande aventure de la découverte de soi. Ce livre contient aussi des principes généraux qui touchent *tous* les cas, du plus bas au plus élevé. Parmi ceux-ci figurent des techniques d'audition si efficaces que Ron Hubbard les mentionne à maintes reprises au cours de ses années de recherches ultérieures sur les états les plus élevés. Ce livre vous fait non seulement monter sur l'échelle des tons, mais il peut vous sortir d'à peu près toute situation.

GUIDE POUR PRÉCLAIRS — *LE GUIDE AVANCÉ D'AUTO-PROCESSING* • Voici les Quinze Actes d'auto-processing qui permettent de restaurer l'*autodétermination.* En plus, ce livre contient plusieurs essais qui décrivent en détail l'*état idéal de l'Homme.* Découvrez pourquoi les schémas de comportement finissent par se fixer de façon si solide ; pourquoi les habitudes ne peuvent apparemment pas être changées ; comment les anciennes décisions agissent avec plus de pouvoir sur quelqu'un que celles d'aujourd'hui ; et pourquoi on conserve dans le temps présent les expériences négatives passées. Tout est clairement exposé dans le Tableau des attitudes — une percée décisive qui complète le Tableau d'évaluation humaine. Ce tableau décrit l'état d'être idéal ainsi que vos *attitudes* et *réactions* face à la vie. *En auto-processing, le Guide pour préclairs est utilisé conjointement avec Self-Analyse.*

Livres de Scientologie

Théorie et pratique

SCIENTOLOGIE : LES FONDEMENTS DE LA VIE – ***LE LIVRE DE BASE DE LA THÉORIE ET DE LA PRATIQUE DE LA SCIENTOLOGIE POUR DÉBUTANTS*** • Ron Hubbard a surnommé cet ouvrage *Le Livre Un de la Scientologie.* Après l'unification et la codification complètes des sujets de la Dianétique et de la Scientologie a sonné l'heure de perfectionner leurs *fondements.* À l'origine, ce livre avait été publié comme un résumé de la Scientologie destiné à être traduit dans d'autres langues que l'anglais. Mais il possède une valeur inestimable pour le débutant comme pour l'étudiant avancé dans les domaines du mental, de l'esprit et de la vie. Ce seul ouvrage permet de commencer à opérer des changements apparemment miraculeux pour ce qui est du bien-être, de l'aptitude et de l'intelligence. On y trouve le *cycle d'action,* les *états d'existence,* les *huit dynamiques,* le *triangle d'ARC,* les *parties de l'homme,* l'analyse complète de *la Vie en tant que jeu* et plus encore, y compris des procédés précis applicables par quiconque. Ce seul livre contient les principes fondamentaux de la Scientologie, des principes qui peuvent être appliqués à tous les aspects de la vie et donnent les moyens de relever une culture entière.

Le travail

LES PROBLÈMES DU TRAVAIL – ***LA SCIENTOLOGIE APPLIQUÉE AU MONDE DU TRAVAIL*** • Comme Ron Hubbard le décrit dans ce livre, la vie se compose de sept dixièmes de travail, un dixième de famille, un dixième de politique et un dixième de loisirs. Voici la Scientologie appliquée à ces sept dixièmes de l'existence. Voici les réponses à l'*épuisement* et le *secret de l'efficacité.* Voici également l'analyse de la vie : un jeu composé de règles précises. En les connaissant, vous réussirez. *Les problèmes du travail* contiennent une technologie dont on ne peut se passer pour vivre et que l'on peut mettre en pratique quotidiennement au travail.

Les principes de la vie

SCIENTOLOGIE : UNE NOUVELLE OPTIQUE SUR LA VIE • Des éléments essentiels de la Scientologie pour chaque aspect de la vie. Des réponses fondamentales qui vous mettent aux commandes de votre existence. Des vérités à consulter maintes fois. *Est-il possible d'être heureux ? Deux règles pour vivre heureux, L'intégrité personnelle, La personnalité antisociale* et bien d'autres. Chaque partie de ce livre vous apporte des vérités de Scientologie qui décrivent des conditions de *votre* vie ainsi que des réponses *exactes* pour vous permettre de les améliorer.

VOUS POUVEZ MAINTENANT *ENTENDRE* L'HISTOIRE DE LA DIANÉTIQUE ET DE LA SCIENTOLOGIE

PAR L'HOMME QUI L'A VÉCUE

« Pour vraiment connaître la vie — a écrit Ron Hubbard — il faut y participer. Vous devez vous pencher et regarder ; vous devez fouiller dans les coins et recoins de l'existence. Vous devez côtoyer toutes sortes d'individus avant de pouvoir finalement déterminer ce qu'est l'Homme. »

Au cours de sa quête extraordinaire qui l'a amené à fonder la Dianétique et la Scientologie, voilà précisément ce que Ron Hubbard a fait. Que ce soit sa jeunesse aventureuse dans l'impitoyable Ouest américain, son voyage exotique dans une Asie encore mystérieuse, ses deux décennies de recherche en quête de l'essence même de la vie ou le triomphe de la Dianétique et de la Scientologie, voici l'histoire que Ron Hubbard nous raconte dans une conférence légendaire que des millions de personnes ont écoutée.

Comment un seul homme a-t-il pu découvrir la source de toute aberration humaine et fournir une vraie technologie par laquelle l'Homme puisse s'élever à des niveaux plus élevés d'honnêteté, de décence et de liberté personnelle ? Découvrez-le par vous-même, avec une histoire qui ne pouvait être mieux racontée que par l'homme qui l'a vécue.

Procurez-vous

L'histoire de la Dianétique et de la Scientologie

UNE CONFÉRENCE DONNÉE PAR L. RON HUBBARD

Disponible dans toute église de Scientologie ou directement auprès de la maison d'édition
www.bridgepub.com · www.newerapublications.com

ET VOUS POURREZ *RENCONTRER* L. RON HUBBARD

DANS SA *SEULE* INTERVIEW FILMÉE

Qu'est-ce que la Scientologie ?

Que représente une application pratique de la Scientologie pour l'homme de la rue ?

Comment la Scientologie peut-elle aider les gens à surmonter leurs problèmes ?

Pourquoi l'Homme est-il sur cette planète et quel y est son but ?

Telles sont les questions que se sont posées des millions de personnes, et dans cette rare interview filmée, Ron Hubbard *fournit* les réponses : ce qui a motivé sa quête pour aider l'humanité, ce qui l'a amené, au prix d'un dur labeur, à faire les *découvertes* qui fournissent les réponses à la longue quête concernant les énigmes du mental et de la vie, et comment il a tracé une *route* pour atteindre de nouveaux états d'existence et de bonheur. Voici les réponses telles que Ron Hubbard lui-même les a expliquées au monde.

Rencontrez celui qui, à l'époque de l'énergie atomique, a fondé une nouvelle religion, une religion qui se répand à travers le globe, une religion qui change la face du monde, une religion où science et religion se rencontrent enfin et donc... une religion qui n'aurait pu s'appeler que la *Scientologie.*

Procurez-vous

Une introduction à la Scientologie

Disponible dans toute église de Scientologie ou directement auprès de la maison d'édition
www.bridgepub.com · www.newerapublications.com

VOTRE AVENTURE A COMMENCÉ ! EN VOICI LA CARTE.

Votre voyage vers la pleine compréhension de la Dianétique et de la Scientologie est la plus grande des aventures. Mais il vous faut une carte qui vous montre où vous êtes et où vous allez.

Cette carte est le *Guide des livres et conférences.* Tous les livres et toutes les conférences de Ron Hubbard y figurent. Il décrit de façon exhaustive leur contenu et leur sujet afin que vous puissiez trouver exactement ce que *vous* cherchez et précisément ce dont *vous* avez besoin.

Les nouvelles éditions des livres contiennent des glossaires très complets, avec des définitions de tous les termes techniques. Un programme de traduction monumental est en train de mettre à votre disposition des centaines de conférences enregistrées de Ron Hubbard. Reproduites sur disques compacts, elles contiennent des transcriptions complètes, des glossaires, les schémas des conférences, les diagrammes et les bulletins qu'il mentionne dans ces conférences. Ainsi, vous acquérez *toutes* les données, vous pouvez les étudier avec facilité, et non seulement obtenir une compréhension *conceptuelle* parfaite, mais aussi vous élever à chaque étape vers de plus hauts niveaux de liberté personnelle.

Pour obtenir votre Guide des livres et conférences et votre catalogue GRATUIT ou pour commander des livres et conférences de Ron Hubbard, contactez :

ROYAUME-UNI ET EUROPE :
New Era Publications International ApS
Smedeland 20
2600 Glostrup, Danemark
www.newerapublications.com
Tél. : +800-808-8-8008
Fax : (45) 33 73 66 33

ÉTATS-UNIS ET AUTRES PAYS :
Bridge Publications, Inc.
5600 E. Olympic Boulevard
Commerce, Californie 90022, USA
www.bridgepub.com
Tél. : 1-800-722-1733
Fax : 1-323-953-3328

Les livres et les conférences sont aussi directement en vente dans les églises de Scientologie.
Voir les ***Adresses.***

ADRESSES

La Dianétique est un précurseur et une branche de la Scientologie, la religion qui connaît la croissance la plus rapide dans le monde. Des centres et des églises existent dans les villes aux quatre coins du globe et il s'en ouvre sans cesse de nouveaux.

Les centres de Dianétique offrent des services d'introduction et peuvent vous aider à commencer votre voyage ou vous faire commencer l'aventure de l'audition de Dianétique. Pour obtenir plus d'informations ou pour situer le centre de Dianétique le plus proche de chez vous, visitez le site Internet de la Dianétique.

www.dianetique.fr
e-mail : info@dianetics.org

Chaque Église de Scientologie contient un centre de Dianétique, qui offre des services d'introduction ainsi qu'une formation dans ce sujet. Elles peuvent aussi fournir plus d'informations sur les découvertes ultérieures de Ron Hubbard concernant la Scientologie. Pour obtenir plus de renseignements, visitez :

www.scientology.org
e-mail : info@scientology.org

Vous pouvez également contacter n'importe laquelle des organisations continentales dont la liste figure dans les pages suivantes, elles peuvent vous diriger vers l'un des milliers de centres et d'églises dans le monde.

Vous pouvez obtenir les livres et les conférences de Ron Hubbard à l'une de ces adresses ou directement chez les éditeurs à la page précédente.

ORGANISATIONS CONTINENTALES :

EUROPE

CONTINENTAL LIAISON OFFICE EUROPE
Store Kongensgade 55
1264 Copenhagen K, Denmark

Liaison Office of Commonwealth of Independent States
Management Center of Dianetics and Scientology Dissemination
Pervomajskaya Street, House 1A
Korpus Grazhdanskoy Oboroni
Losino-Petrovsky Town
141150 Moscow, Russia

Liaison Office of Central Europe
Nánási út 1/C
1031 Budapest, Hungary

Liaison Office of Iberia
C/Miguel Menendez Boneta, 18
28460 - Los Molinos
Madrid, Spain

Liaison Office of Italy
Via Cadorna, 61
20090 Vimodrone
Milan, Italy

AUSTRALIE, NOUVELLE-ZÉLANDE ET OCÉANIE

CONTINENTAL LIAISON OFFICE ANZO
20 Dorahy Street
Dundas, New South Wales 2117
Australia

Liaison Office of Taiwan
1st, No. 231, Cisian 2nd Road
Kaohsiung City
Taiwan, ROC

ÉTATS-UNIS

Continental Liaison Office
Western United States
1308 L. Ron Hubbard Way
Los Angeles, California 90027 USA

Continental Liaison Office
Eastern United States
349 W. 48th Street
New York, New York 10036 USA

CANADA

Continental Liaison Office
Canada
696 Yonge Street, 2nd Floor
Toronto, Ontario
Canada M4Y 2A7

AMÉRIQUE LATINE

Continental Liaison Office
Latin America
Federacion Mexicana de Dianetica
Calle Puebla #31
Colonia Roma, Mexico D.F.
C.P. 06700, Mexico

ROYAUME-UNI

Continental Liaison Office
United Kingdom
Saint Hill Manor
East Grinstead, West Sussex
England, RH19 4JY

AFRIQUE

Continental Liaison Office Africa
5 Cynthia Street
Kensington
Johannesburg 2094, South Africa

Obtenez votre carte de membre gratuite de six mois

auprès de l'Association internationale des scientologues

L'Association internationale des scientologues (IAS) est l'association qui regroupe tous les scientologues dans la croisade la plus importante sur Terre.

Elle propose une carte de membre gratuite de six mois à tous ceux qui n'ont jamais été membres.

En tant que membre, vous avez droit à des réductions exclusives sur les articles de Scientologie. Vous recevrez aussi le magazine de l'association, *IMPACT*, publié six fois par an, rempli de nouvelles du monde entier sur la Scientologie.

Le but de l'IAS est :

« Unir, faire progresser, soutenir et protéger la Scientologie et les scientologues dans toutes les parties du monde de façon à atteindre les buts de la Scientologie tels qu'ils ont été énoncés par Ron Hubbard. »

Joignez-vous au plus grand mouvement de réforme sur la planète aujourd'hui, qui enrichit la vie de millions de gens avec les vérités présentes en Scientologie.

Joignez-vous à l'Association internationale des scientologues.

Pour votre adhésion,
écrivez à l'Association
internationale des scientologues
c/o Saint Hill Manor, East Grinstead
West Sussex, England, RH19 4JY

www.iasmembership.org

GLOSSAIRE DES ÉDITEURS

Souvent, les mots ont plusieurs sens. Les définitions qui suivent ne précisent que les sens des mots tels qu'ils sont employés dans ce livre. Les termes de Dianétique apparaissent en caractères gras. À côté de chaque définition vous trouverez la page sur laquelle le mot apparaît en premier, pour que vous puissiez vous référer au texte si vous le souhaitez.

Ce glossaire n'a pas pour but de remplacer un dictionnaire normal ou un dictionnaire de Dianétique et de Scientologie qu'il convient de consulter pour tous les mots que ce glossaire ne contient pas.

Les Éditeurs

aberrant : qui cause ou produit de l'aberration. Page 98.

aberration : déviation de la pensée ou du comportement rationnel. Du latin *aberrare*, s'éloigner de ; latin *ab*, loin de, et *errare*, errer. Fondamentalement, cela veut dire se tromper, faire des erreurs, ou plus précisément avoir des idées fixes qui sont incorrectes. Le mot est aussi employé dans son sens scientifique. Il signifie s'écarter d'une ligne droite. Imaginons une ligne qui doit aller de A à B, et si elle est « aberrée », elle ira de A à un autre point, puis un autre, puis un autre, puis un autre, puis un autre pour finalement parvenir à B. Pris dans son sens scientifique, cela voudrait dire aussi manque de linéarité ou vision déformée, par exemple un homme qui regarde un cheval et qui croit voir un éléphant. Page 13.

aberré : marqué par l'*aberration*. Une mauvaise conduite ou une conduite irrationnelle seraient des conduites aberrées. L'aberration est une déviation de la pensée ou du comportement rationnel ; qui n'est pas sain d'esprit. *Voir aussi* **aberration**. Page 38.

absolu : qui n'est relatif à rien d'autre que soi, qui ne dépend de rien, que rien ne limite, sans bornes. Page 28.

achromatopsie : absence congénitale ou acquise de la perception des couleurs. Page 124.

adaptation : aptitude d'un individu à modifier sa structure ou son comportement pour répondre harmonieusement à des situations nouvelles. Page 189.

affronter : aller avec courage au-devant d'un adversaire, d'un danger, d'une difficulté. Page 26.

aiguillon : ce qui stimule, excite. Page 45.

aléa : événement imprévisible, tour imprévisible que peuvent prendre les événements. Page 65.

allant : ardeur d'une personne qui va de l'avant, ose entreprendre. Page 59.

analytique : qui se caractérise par la conscience, la vivacité, etc. Le mot analytique provient du grec *analytikos*, d'un verbe qui signifie résoudre, défaire, décomposer, c'est-à-dire mettre une chose en pièces pour voir ce qui la constitue. Page 91.

animosité : hostilité, antipathie à l'égard de quelqu'un. Agressivité. Page 242.

anodin : insignifiant, sans intérêt. Page 40.

antisurvie : de *anti* et de *survie*. Ce qui est antisurvie est opposé ou contraire à la survie. Page 38.

appréhender : saisir au corps. Page 248.

appréhension : action d'envisager quelque chose avec crainte ; crainte vague, mal définie. Page 55.

ardent : passionné, fougueux, plein de vivacité. Page 118.

ardeur : énergie pleine de vivacité. Page 59.

arthrite : inflammation des jointures, passagère ou chronique, souvent accompagnée de douleur. Page 7.

assaillir : attaquer vivement et vigoureusement. Page 221.

assimilable : que l'on peut s'approprier, faire sien. Page 9.

assoupissement : manifestation d'anciennes périodes d'inconscience, accompagnées de somnolence. Page 105.

auditeur : personne qui administre les procédures de Dianétique à un autre ; auditeur signifie celui qui écoute et qui calcule. Page 5.

audition : application des techniques de Dianétique pour élever le ton et améliorer la perception et la mémoire. On l'appelle aussi *processing.* Page 60.

autodétermination : état d'être dans lequel l'individu peut être ou ne pas être contrôlé par son environnement selon son propre choix. Dans cet état, l'individu a de l'assurance dans son contrôle de l'univers matériel et des organismes qui s'y trouvent. Il est sûr de lui dans toutes les aptitudes ou talents qu'il peut avoir. Il est sûr de lui dans ses relations personnelles. Il raisonne mais n'a pas besoin de réagir. Page 27.

autoritarisme : caractère, comportement d'une personne qui préconise une obéissance totale à l'autorité, par opposition à la liberté individuelle. Page 70.

aversion : sentiment d'éloignement et de répugnance. Page 146.

axiomes : déclarations de lois naturelles du même ordre que celles des sciences physiques. Page 96.

B1 : vitamine du groupe B présente dans l'enveloppe des céréales, des petits pois, des haricots, dans le jaune d'œuf, le foie, etc., et en vente comme supplément nutritif. Page 308.

bannière : enseigne du seigneur à la guerre. Employé au sens figuré. Page 1.

barbon : homme d'âge plus que mûr. Page 26.

boisseau : récipient de forme cylindrique utilisé pour mesurer les matières sèches ; son contenu. Page 20.

bombe A : *bombe atomique,* type de bombe extrêmement destructive, dont la puissance vient de la libération soudaine d'une immense quantité d'énergie qui accompagne la division des noyaux des atomes en plusieurs fragments. Page 48.

bouillon de poulet : fait référence au liquide dans lequel on a bouilli du poulet que les mères donnaient traditionnellement à leurs enfants malades comme panacée. Si quelqu'un supporte à peine le bouillon de poulet, il ne peut pas absorber les aliments faciles à digérer et ne peut donc pas tolérer la viande crue qui n'est pas préparée pour un repas. Employé ici au figuré. Page 8.

buissonnière : *faire l'école buissonnière :* jouer, se promener au lieu d'aller en classe. Page 211.

cabale : complot secret, intrigue. Page 71.

cafard : découragement, idées noires. Page 151.

calomnier : atteindre quelqu'un dans sa réputation, dans son honneur, par des accusations que l'on sait fausses. Page 296.

capricieux : qui a tendance à changer de façon imprévisible ou abrupte sans raison apparente. Page 72.

carapace : organe dur qui recouvre le corps de certains animaux. Page 25.

caravane : groupe de marchands voyageant ensemble et utilisant un mode de transport particulier comme des chameaux, des chariots, etc. Ainsi, par « caravanes entières », on veut parler de grandes quantités. Page 15.

casser la croûte : prendre un repas ou une collation. Page 224.

casse une roue : expression inventée qui veut dire cesser de progresser, ne plus bien fonctionner. Le mot *roue* fait allusion à la roue d'un chariot. Quand les chariots roulaient sur un terrain accidenté, les roues avaient tendance à se casser, ce qui arrêtait le chariot tant qu'elles n'étaient pas réparées. Page 8.

catalyseur : substance qui accélère ou, quelquefois, ralentit la vitesse d'une réaction chimique (dans le corps, par exemple). Page 151.

charbonnier : personne qui vend du charbon ; travailleur, en référence aux différentes professions ou couches sociales de la société. Page 14.

charge : saturation d'émotion, comme la colère, la peur, le chagrin, l'apathie, etc. Page 97.

charitable : qui fait preuve de charité, d'indulgence. Page 54.

chasser : repousser, faire disparaître. Page 164.

chrétienté : fait référence à l'ensemble du monde occidental. Page 3.

chronique : se dit des maladies qui évoluent lentement et se développent progressivement. Page 53.

chroniquement : d'une manière chronique, qui dure. Page 40.

citadelle : fort ou forteresse protégeant et contrôlant l'accès d'une ville. Page 1.

Clair : personne sans aberration. Elle est rationnelle en ce sens qu'elle élabore les meilleures solutions possibles en se basant sur les données qu'elle a et selon son point de vue. On l'appelle « Clair » parce que sa personnalité fondamentale, son autodétermination, son éducation et son expérience ont été débarrassées des locks, secondaires et engrammes porteurs d'aberration. Voir *La Dianétique : la puissance de la pensée sur le corps* et *Science de la survie.* Page 72.

coaudition : audition pratiquée par deux personnes formant une équipe, s'auditant à tour de rôle. *Voir aussi* **audition.** Page 59.

cocktail : mélange de boissons à base d'alcool. Page 142.

communications enthêta : lignes de communication enthêta, communications malveillantes ou médisantes. Page 71.

communiste : partisan du *communisme* (le communisme est un système d'organisation sociale dans lequel toute l'activité sociale et économique est dirigée par un État totalitaire dominé par un parti politique unique et qui se perpétue lui-même). Page 69.

compulsion : force, contrainte intérieure qui amène à accomplir certains actes et à laquelle on ne peut résister sans angoisse. Page 113.

concrétiser, se : se réaliser, se matérialiser. Page 69.

connais-toi toi-même : un des principes fondamentaux de la philosophie de Socrate (philosophe grec, 470-399 av. J.-C.). Page 13.

connotation : sens particulier d'un mot, d'un énoncé qui vient s'ajouter au sens ordinaire selon la situation ou le contexte. Page 193.

contorsionniste : acrobate qui fait des contorsions (donner au corps des postures étranges ou grotesques). Page 187.

contrôle obsessionnel : personne qui contient ses émotions. Dans la mesure où une personne se retient totalement et complètement, c'est une « bonne personne », pourvu qu'elle ne montre pas ses émotions. Page 151.

coolie : travailleur, porteur (principalement dans les sociétés de l'Extrême-Orient), en référence aux différentes professions ou couches sociales de la société comme dans l'exemple : « *Vous seriez capable de comprendre magiciens et banquiers, colonels et coolies, rois, chats et charbonniers.* » Page 14.

craquer : *plein à craquer,* à éclater. Page 190.

critère : ce qui sert de base à un jugement. Page 40.

déconcerter : plonger dans l'incertitude ; surprendre, troubler. Page 228.

défaitiste : caractéristique de ceux qui ne croient pas à la victoire, préconisent l'abandon du combat. Page 47.

défiler : se succéder sans interruption. Ainsi la phrase « *De nombreux incidents malheureux vont inévitablement défiler* » signifie que des souvenirs apparaissent au hasard en réponse à la question de processing. Page 200.

délecter (se) : prendre un plaisir délicieux (à quelque chose). Page 57.

démarcation : séparation entre deux choses, deux domaines. Page 25.

démocratique : en accord avec le principe de l'égalité des droits pour tous. Page 69.

dépôt : désigne la matière qui s'accumule dans une partie quelconque d'un organisme. Page 48.

dépouiller : déposséder (quelqu'un) en lui enlevant ce qu'il a. Page 246.

déprécier : priver de sa valeur, réduire la valeur de. Page 71.

dermatite : inflammation de la peau. Page 47.

désintensifier : rendre moins chargé, moins intense. Page 95.

diabète : état pathologique provenant d'un excès de sucre dans le sang ; le diabète est causé par une production ou une utilisation insuffisante d'insuline, substance produite dans l'une des glandes du système endocrinien. Page 152.

Dianétique, la : du grec *dia* « à travers » et *noûs* « mental » ou « âme » ; ce que l'âme fait au corps. Voir *La Dianétique : la puissance de la pensée sur le corps* et *Science de la survie.* Page 1.

Dianétique de groupe : la partie de la Dianétique qui englobe le domaine de l'organisation et de l'activité des groupes en vue de déterminer les conditions et les processus optimaux pour la direction des groupes et les relations entre groupes. Page 5.

diapason : *être au diapason de quelqu'un,* se conformer, s'adapter à sa manière de voir, de sentir. Page 3.

différencier : percevoir la différence entre. Page 283.

discordant : qui manque d'harmonie, qui ne s'accorde pas. Page 132.

dissiper (se) : s'anéantir en se dispersant. Page 103.

docilité : comportement soumis ; tendance à obéir. Page 190.

dompter : maîtriser, surmonter. Page 27.

dynamique : actif, énergique, efficace, par opposition à *statique.* Page 19.

dynamiques : les dynamiques représentent l'impulsion de survivre répartie en huit divisions. Ce sont des impulsions vers la survie en tant que ou au moyen de 1. soi, 2. le sexe, la famille et la génération future, 3. les groupes, 4. l'humanité, 5. la vie, tous les organismes, 6. la matière, l'énergie, l'espace et le temps — MEST — l'univers physique, 7. les esprits et 8. l'Être suprême. Le sujet des dynamiques est traité dans *Science de la survie.* Page 72.

dysfonctionnement : trouble dans le fonctionnement. Page 68.

échelle graduée : une échelle d'états, graduée de zéro à l'infini. Le mot *gradué* indique des degrés croissants ou décroissants d'un état. L'écart entre deux points de l'échelle graduée pourrait être aussi grand ou aussi large que la totalité de l'échelle, ou bien il pourrait aussi être tellement petit qu'il nécessiterait un discernement très subtil pour être distingué. Page 22.

échouer (s') : en parlant d'un bateau, être jeté sur la côte. Page 9.

éclairer : mettre (quelqu'un) en état de voir clair, de comprendre, de discerner le vrai du faux. Page 235.

éclater : manifester quelque chose avec force. Page 225.

effacer : en Dianétique, *effacer* signifie faire disparaître l'influence négative de quelque chose. Page 46.

électron : une des particules à charge négative qui constituent les atomes. Page 33.

embrigadement : rassemblement sous une même autorité en vue d'une action commune ; action d'enrégimenter. *Voir aussi* **enrégimenter.** Page 21.

émousser : rendre moins vif, moins pénétrant, moins incisif. Page 28.

endocrinien : relatif au système gérant la sécrétion d'hormones (substances chimiques) à partir de certains organes et tissus dans le corps. Certains de ces organes augmentent la pression sanguine et le rythme cardiaque lors des moments de tension. Page 68.

engloutir : avaler avec avidité. Page 290.

engramme : enregistrement d'un moment de douleur et d'inconscience. Cet enregistrement peut ensuite être mis en route par un mot ou un environnement similaire et amener l'individu à agir comme s'il était en présence de danger. Il force l'individu à avoir des modes de pensée et de comportement qui ne correspondent pas à une évaluation raisonnable de la situation. Le chapitre dix, *Section du processing,* contient une description des engrammes et de leur rapport avec *Self-Analyse.* Les engrammes sont décrits au complet dans *La Dianétique : la puissance de la pensée sur le corps* et *Science de la survie.* Page 9.

enjôler : séduire par de belles paroles, des cajoleries, des flatteries pour mieux duper. Page 22.

enrégimenter : faire entrer dans un parti ou un groupe qui exige une obéissance quasi militaire. Page 26.

enthêta : mot composé qui signifie « thêta enturbulé », *thêta* dans un état turbulent, agité ou perturbé. *Voir aussi* **thêta.** Page 71.

entrain : vivacité et bonne humeur communicatives. Page 28.

enturbuler : causer une turbulence, de l'agitation et une perturbation. Page 69.

en vain : sans obtenir de résultat, sans que la chose en vaille la peine. Page 172.

envergure : ampleur, ouverture. Page 57.

ésotérique : qui n'est pas accessible à la plupart des gens, du fait de son hermétisme, de sa difficulté. Page 22.

étalon : cheval entier destiné à la reproduction. Page 7.

État collectiviste : État dans lequel le peuple possède collectivement la terre, les usines et les autres moyens de production. En contrepartie, l'État dirige tout et finance tout (par exemple, les soins de santé), comme c'est le cas dans le communisme. Page 21.

État providence : État dans lequel le bien-être du peuple concernant les questions de sécurité sociale, de santé et d'éducation, de logement et des conditions de travail est la responsabilité du gouvernement. Page 190.

étendard : symbole de commandement servant de signe de ralliement pour des troupes ; au figuré, symbole d'un parti, d'une cause. Page 1.

éthique : rationalité dirigée vers le plus haut niveau de survie pour soi et pour les autres. Page 61.

étoile filante : météorite dont le passage dans l'atmosphère terrestre se signale par un trait de lumière. Page 184.

euthanasie : 1. acte d'un médecin consistant à provoquer la mort d'un malade incurable pour abréger ses souffrances ou son agonie ou à laisser venir la mort d'un malade incurable sans acharnement thérapeutique. Page 39.
2. acte comparable pratiqué par un vétérinaire sur un chien, un chat, etc. Page 190.

euthanasier : pratiquer l'euthanasie sur un animal. Page 254.

extase : vive admiration. Page 232.

exténué : affaibli, épuisé, éreinté. Page 21.

fasciste : partisan du *fascisme*, un système de gouvernement où un dictateur détient les pleins pouvoirs, élimine l'opposition et la critique par la force et régit le commerce, l'industrie, etc. Page 39.

Faucheuse : la Mort, souvent représentée par un homme ou un squelette revêtu d'une cape et portant une faux qu'il utilise dans l'accomplissement de sa fonction de « moissonneur » ou de « collecteur » de corps et d'âmes. (La *faux* est un instrument agricole dont la lame coupante et recourbée est attachée à un manche et que l'on utilise pour couper l'herbe ou d'autres plantes.) Page 29.

fermer les yeux sur : refuser de voir ou faire semblant de ne pas avoir vu. Page 223.

Fil direct : procédé qui améliore la communication d'une personne avec son mental et le monde extérieur. On l'appelle ainsi parce qu'on demande au préclair de contacter, un peu à l'image d'un fil téléphonique, un moment du passé. La communication s'ouvre entre le passé et le présent. La personne qui se fait auditer est dans le présent et en contact avec le temps présent. On lui pose simplement des questions qui lui restaurent certains souvenirs. Page 65.

Fil direct de Dianétique : *voir* **Fil direct**. Page 65.

filet : tranche de chair tendre prise le long de l'épine dorsale de certains animaux ou de l'arête d'un poisson. Page 142.

flagrant : évident, incontestable ; qui n'est pas niable. Page 70.

fluctuant : qui est sujet à des variations. Page 69.

formulaire de déclaration d'impôts : formulaire envoyé aux contribuables qu'ils doivent remplir afin de déterminer le montant d'impôts qu'ils doivent payer au gouvernement. Page 8.

frivole : superficiel, inconstant, léger, irresponsable. Page 72.

gaieté : humeur enjouée ; disposition à rire, à s'amuser. Page 73.

glas, pour qui sonne le : référence à une phrase du poème « Dévotions pour des occasions qui surviennent » du poète anglais John Donne (1572-1631), qui contient ces lignes : « Nul homme n'est une île, complet par lui-même, chaque homme est un morceau du continent, une partie de la terre ferme [...] chaque mort humaine me diminue, car je prends part à l'humanité ; et par conséquent, ne cherche pas pour qui sonne le glas ; il sonne pour toi. » Traditionnellement, les cloches d'église ont sonné le glas (ont tinté lentement) pour annoncer les décès. Page 37.

grâce, demander : demander à être épargné. Page 297.

gré : *au gré de,* selon la volonté de. Au figuré, « *au gré de l'existence* » signifie comme l'existence le permet. Page 39.

grimaces, faire des : faire des contorsions avec son visage pour traduire un sentiment ou amuser. Page 282.

hâter (se) : aller vite. Page 234.

hommage : témoignage de respect, d'admiration, de reconnaissance. Page 268.

Homme : espèce ou race humaine, genre humain, humanité. Page 1.

homme : être humain, quel que soit son sexe ou son âge ; une personne. Page 3.

hypnotique : accessible à l'état d'hypnose. Page 73.

hypothyroïdie : trouble physique provenant d'une activité insuffisante de la glande thyroïde. (La thyroïde secrète des substances chimiques qui régulent la croissance et le métabolisme du corps.) Page 152.

ignominieusement : d'une manière humiliante ou déshonorante. Page 59.

illusion : perception qui diffère de la réalité. Du latin *illusio,* de *ludere,* qui signifie jouer et *il,* préfixe négatif ; désigne une chose qui trompe en donnant une fausse impression de la réalité. Page 27.

illustrer : rendre plus clair, mettre en lumière. Page 57.

immunisé : à l'abri des maladies et des choses du même genre. Page 68.

implanter : fixer profondément dans l'esprit d'une personne un comportement type, une idée, croyance, etc. Page 191.

incident : événement qui survient. Page 89.

inciter : pousser, engager vivement quelqu'un à quelque chose. Page 8.

inculquer : faire rentrer dans l'esprit de façon durable. Page 190.

insoupçonné : dont l'existence n'est pas soupçonnée, pressentie. Page 13.

interdépendance : rapport qui fait qu'une chose dépend d'une autre et inversement. Page 37.

lancer (se) : s'engager hardiment, se livrer impétueusement. Page 231.

libéral : qui favorise la liberté d'action et de pensée en respectant particulièrement les croyances ou l'expression personnelles. Page 69.

libertinage : mœurs très relâchées. Page 69.

lièvre : animal voisin du lapin avec de très longues pattes de derrière et de longues oreilles. Les loups chassent d'habitude les lièvres donc un lièvre qui crache à la figure d'un loup serait extrêmement audacieux. « *Elle rendrait un lièvre capable de cracher à la figure du loup* » signifie au sens figuré que cela rendrait quelqu'un capable de surmonter ses peurs de façon à faire reculer ses ennemis. Page 7.

littéralement : pris à la lettre. Page 72.

lock : un lock est un moment d'inconfort mental dépourvu de douleur physique et renfermant une perte minime : réprimande, disgrâce sociale, etc. Un cas a des milliers et des milliers de locks. Page 96.

maladie résultant de dépôts : référence à une maladie dans laquelle des dépôts de matière se forment dans une partie du corps ; par exemple l'arthrite. Page 68.

malveillant : qui manifeste une volonté de nuire à autrui. Page 40.

manie : idée fixe ; goût excessif pour quelque chose, une activité. Page 289.

méprendre (se) : se tromper, en particulier en confondant deux choses ou deux personnes. Page 182.

mésémotion : de *més*-élément péjoratif ; ainsi la *més*émotion est toute émotion qui est irrationnelle ou inappropriée à l'environnement dans le temps présent. Page 151.

mettre en œuvre : employer en vue d'une application pratique. Page 36.

mettre quelqu'un à la porte : renvoyer quelqu'un, le rejeter. Page 161.

moral : qui concerne les règles de conduite en usage dans une société. Page 70.

neurologique : qui a rapport aux nerfs ou au système nerveux. Page 68.

***New Yorker* :** hebdomadaire américain fondé en 1925 qui fait dans la satire, le commentaire social et la critique. Page 59.

nier : dire, soutenir qu'une chose n'est pas vraie ; rejeter comme faux. Page 73.

occlus : dont les souvenirs sont coupés de la conscience ; d'*occlure*, signifiant fermer, condamner ou boucher (un passage, une ouverture, etc.). Page 99.

odorat : sens grâce auquel l'Homme et les animaux perçoivent les odeurs. Page 101.

ombre : reflet affaibli (de ce qui a été). *Être (n'être plus que) l'ombre de soi-même*, très amaigri ou diminué intellectuellement. Page 58.

opprimer : empêcher de s'exprimer, soumettre à une autorité excessive. Page 38.

ouï-dire : information connue par la parole entendue, et notamment par des rumeurs. Page 98.

pancréas : glande située derrière l'estomac ; elle secrète un liquide digestif qu'elle déverse dans le petit intestin. Page 152.

part du lion : la part la plus importante, particulièrement une part disproportionnée. Page 297.

passager : dont la durée est brève. Page 55.

perception extrasensorielle : perception ou communication se situant au-delà de la capacité normale des sens, comme la télépathie. Page 98.

perceptique : message des sens — tel que l'odorat, le goût, le toucher, l'ouïe, la vue — perçu et enregistré dans la mémoire ; perception. Page 100.

périple : voyage d'exploration maritime autour d'une mer, d'un continent et par extension un grand voyage. Page 9.

Perse : ancien empire d'Asie qui se trouvait en partie sur le territoire moderne de l'Iran. Page 15.

persévérer : persister dans une entreprise en dépit de difficultés, d'obstacles ou du découragement. Page 104.

personnalité d'emprunt : caractéristiques physiques et/ou émotionnelles d'un autre, assumées par l'individu. Page 281.

perturbation : trouble, dérangement, dérèglement, désordre qui empêche le déroulement ou le fonctionnement normal de quelque chose. Page 40.

perturber : rendre sujet au trouble, à l'agitation et au désordre. Page 103.

perversion : se dit de différentes façons de rechercher la satisfaction sexuelle qui sont généralement considérées comme anormales. Page 69.

pervertir : modifier en dérangeant ou en détournant de sa fin, de son sens. Page 70.

physiologique : se dit des fonctions et des activités des organismes vivants et de leurs composantes, y compris tous les processus chimiques et organiques. Page 56.

pieds, retomber sur ses : finir dans une bonne position, en particulier après avoir été malade ou dans une situation difficile. Page 236.

plutonium : élément métallique radioactif utilisé dans le fonctionnement des réacteurs et des armes nucléaires. Page 48.

postulat : ce qui est supposé ou présumé vrai comme fondement d'un raisonnement. Page 96.

postuler : proposer quelque chose (de façon à ce que cela existe) ; créer. Page 277.

précipiter : faire aller plus vite. Page 38.

préclair : individu qui reçoit de l'audition de Dianétique mais qui n'est pas encore Clair. Page 95.

prime abord (de) : à première vue, tout de suite. Page 206.

processing : l'application des techniques et exercices de Dianétique. Aussi appelé *audition.* Page 8.

processing de valorisation avec le MEST : processing dans lequel on est concentré sur les moments analytiques des incidents plutôt que sur les moments douloureux. Ce processing oriente également l'individu vers le temps présent et l'univers physique, la matière, l'énergie, l'espace et le temps : le MEST. Une description complète de ce type de processing se trouve dans *Science de la survie.* Page 65.

procréation : fait d'amener (une chose vivante) à l'existence, par le procédé naturel de la reproduction, d'engendrer. Page 69.

prosurvie : de *pro*, en faveur de, et *survie*. On dit d'une chose qu'elle est prosurvie si elle favorise la survie. Page 36.

proton : particule à charge positive, composante des atomes. Page 33.

psychosomatique : *psycho* renvoie à l'esprit et *somatique* au corps ; le terme *psychosomatique* signifie que l'esprit rend le corps malade ou désigne des maladies que l'esprit a créées physiquement dans le corps. On trouve la description de la cause et de la source des maladies psychosomatiques dans *La Dianétique : la puissance de la pensée sur le corps*. Page 7.

pulsion : énergie fondamentale qui pousse à accomplir une action. Page 14.

rabaisser : ramener à un état inférieur ; déprécier, dénigrer. Page 61.

rassasier : satisfaire entièrement la faim de (quelqu'un). Page 155.

récrimination : critique ou accusation à l'encontre d'une personne. Page 293.

réfréner : retenir, mettre un frein à. Page 290.

réjouir (se) : éprouver de la joie. Page 149.

remémorer : reconstituer avec précision, en sa mémoire. Page 102.

ressemer : semer une seconde fois. Page 20.

restimuler : réactiver ; stimuler de nouveau. Page 128.

retomber sur ses pieds : *voir* **pieds, retomber sur ses**. Page 236.

retourner sa veste : *voir* **veste, retourner sa**. Page 21.

rhumatisme : affection douloureuse, aiguë ou chronique, des articulations, des muscles et d'autres tissus, associée à des réactions du corps ou à son usure. Page 47.

risquer : courir le risque de ; s'exposer ou être exposé à. Page 20.

rosser : battre violemment. Page 7.

Russell, Charles (Charlie) : (1864-1926) peintre américain. Ses tableaux sur le thème du Far West, s'inspiraient de son expérience de trappeur et de cow-boy. Page 7.

saisir : 1. faire une impression vive et forte sur (quelqu'un). Page 221. 2. *saisir quelqu'un,* le prendre, le retenir brusquement ou avec force. Page 247.

sabre au clair : sabre tiré du fourreau. Page 58.

savoir-vivre : qualité d'une personne qui connaît et sait appliquer les règles de la politesse. Page 73.

séance : période de temps consacrée ou réservée à la poursuite d'une activité particulière. En Dianétique, le mot se réfère à la période de temps réservée au processing, l'application des techniques et exercices de Dianétique. Page 95.

secondaire : moment de perte grave, tel que le décès d'une personne aimée. On l'appelle *secondaire* parce qu'il tire sa force d'un engramme antérieur. Le livre *Science de la survie* parle des secondaires et de leur traitement. Page 95.

siffler : produire un son aigu par un frottement, par un mouvement rapide de l'air. Page 134.

socialiste : relatif au système économique dans lequel la production et la distribution des biens sont régies par l'État plutôt que par des individus. Page 20.

sonique : rappel de quelque chose qui a été entendu, de sorte qu'on l'entend de nouveau dans le mental, avec toute sa tonalité et toute sa force. Page 133.

sourde oreille, faire la : refuser d'entendre, feindre d'ignorer une demande, une mise en garde. Page 39.

sourd-muet : personne qui n'entend pas et ne parle pas. Page 199.

sporadiquement : de temps à autre, irrégulièrement. Page 68.

statique : qui est fixé, qui n'évolue pas. Page 217.

stéréophonique : se dit d'un son tridimensionnel créé à l'aide de deux canaux distincts (tels que deux haut-parleurs) qui donnent l'impression que le son vient de différentes directions, créant ainsi une impression de dimension spatiale. Littéralement, *stéréo* signifie « solide » et *phonique* signifie « son » ; *stéréophonique* voudrait donc dire « son en relief ». Page 133.

stéréoscopique : qui se rapporte à la vision tridimensionnelle, qui perçoit la hauteur, la largeur et la profondeur. Le terme vient de stéréoscope, un appareil optique dans lequel l'observateur voit deux images du même objet, une de chaque œil, mais chacune d'un angle différent, ce qui crée une apparence de profondeur tridimensionnelle. Littéralement, stéréo signifie « solide » et scope signifie « qui examine, observe » ; *stéréoscopique* voudrait donc dire « vision en relief ». Page 124.

subjuguer : mettre quelqu'un dans l'impossibilité de résister. Page 190.

sublimer : orienter une tendance, une passion vers une valeur sociale positive ou vers un intérêt moral. Page 69.

subversif : qui agit dans un sens contraire à l'ordre social ou politique établi, dans le but de l'anéantir ou de le renverser. Page 21.

suggestion positive : en hypnose, une suggestion ou un commandement donné au patient, qui ensuite y obéit inconsciemment. Page 73.

suppôt de Satan : un suppôt est un partisan d'une chose ou personne nuisible. Un suppôt de Satan est une personne méchante, diabolique. Page 22.

surveillant général : chargé de l'administration intérieure, de la discipline, etc., dans un établissement d'enseignement. Page 9.

suspect : qui éveille les soupçons ; dont la valeur, l'intérêt, la sûreté sont douteux. Page 47.

Tanganyika : le plus long lac d'eau douce au monde, situé en Afrique centrale de l'est. Page 191.

tendon : cordon fibreux qui relie un muscle à un os ou à autre chose. Page 28.

tendre : se diriger vers, évoluer. Page 39.

thérapie de stimulation par la punition : pratique psychologique consistant à forcer un individu à éviter une action ou un comportement considéré indésirable par la douleur, la privation ou d'autres conséquences déplaisantes. Page 190.

thêta : l'énergie de la pensée et de la vie. *Thêta* est raison, sérénité, stabilité, bonheur, gaieté, persistance ainsi que les autres facteurs de la vie que l'Homme considère comme désirables. On trouve une description complète de thêta dans *Science de la survie.* Page 71.

thyroïde : allusion à la glande thyroïde, qui fabrique des hormones (substances chimiques) qui agissent sur la croissance et le métabolisme du corps. Page 152.

tir à la corde : compétition athlétique entre deux équipes qui tirent sur une corde, chaque équipe essayant d'attirer l'autre au-delà d'une ligne au milieu. Page 177.

tisonnier : longue barre de fer avec laquelle on remue le feu. Page 147.

ton : niveau émotionnel. Page 53.

tort : action, attitude qui constitue une erreur, une faute que l'on blâme. Page 71.

tournant, à chaque : constamment, à chaque occasion. Page 13.

transe : également appelé *transe hypnotique,* état comme celui provoqué par l'hypnose, dans lequel une personne est stupéfiée, étourdie ou d'une autre façon n'est pas pleinement consciente de l'environnement présent. Page 73.

troubler : susciter un état émotif, une activité psychique anormale ou pénible qui compromet le contrôle de soi. Page 8.

truisme : vérité d'évidence, d'une grande banalité. Page 26.

unicellulaire : composé d'une seule cellule. Page 33.

univers : tout ce qui existe, où que ce soit ; le continuum espace-temps complet dans lequel nous existons, ainsi que toute l'énergie et la matière qui s'y trouvent, ce qui est différent et plus vaste que l'univers observable. Page 14.

vain, en : *voir* **en vain**. Page 172.

valence : mot qui signifie littéralement la capacité à se combiner avec un autre ou à prendre des parties d'un autre. En Dianétique, la *valence* est une personnalité réelle ou d'emprunt. La propre valence de quelqu'un est sa personnalité réelle. *Voir aussi* **personnalité d'emprunt**. Page 281.

valorisation : allusion à la technique de processing par valorisation qui se concentre sur les moments analytiques des incidents plutôt que sur les moments douloureux. Une description complète de la technique de valorisation se trouve dans *Science de la survie.* Page 65.

vaniteux : fier de soi sans avoir de bonnes raisons de l'être ; qui veut se faire admirer pour des choses frivoles, satisfait de soi et étalant cette satisfaction. Page 165.

vaudou : ensemble de croyances et de pratiques originaires d'Afrique qui inclut la magie et l'exercice présumé de pouvoirs surnaturels grâce à l'intervention d'esprits malveillants. Page 48.

Verbe, le : allusion à une phrase de la Bible : « Au commencement était le Verbe. » Le mot « Verbe » désigne ici la parole de Dieu. Page 14.

vertueux : qui fait habituellement le bien par volonté ; qui a des vertus, des qualités morales. Page 160.

veste, retourner sa : changer de camp ou passer dans le camp adverse ; changer d'avis ou d'allégeance. Dans le passé, les soldats portaient des vestes qui montraient clairement à quelle armée ils appartenaient. Retourner sa veste consistait alors à la porter à l'envers de manière à en cacher la couleur ou les signes distinctifs. Page 21.

viande crue : *voir* **bouillon de poulet**. Page 8.

virevolter : tourner rapidement sur soi. Page 7.

vitalité : intensité de la vie, de l'énergie de quelqu'un, de quelque chose ; dynamisme. Page 26.

voilé : peu net, obscur, dissimulé. Page 5.

voguer : être porté par le courant. Page 39.

INDEX

D

E

F

G

H

I

M

N

O

P

S

T

U

V